KB234872

자녀의 행복한 성장과

자신의 행복한 삶을

함께 찾아 나서는 모든 부모님을 초대합니다.

_________________ 님께

_________________ 드림

공부도 경영이다

2008년 7월 25일 초판 인쇄
2008년 8월 5일 초판 발행

지은이 / 김영재, 이정일, 박인만
펴낸이 / 박홍주
펴낸곳 / 도서출판 푸른솔
영업부 / 장상진
관리부 / 이수경
디자인 / 이근산(커뮤니케이션 감)
일러스트 / 최정미
편집부 / 715-2493
영업부 / 704-2571, 2
팩스 / 3273-4649
주소 / 서울시 마포구 도화동 251-1 근신빌딩 별관 302호
등록번호 / 제 1-825
값 / 12,000원
ISBN 978-89-86804-98-0 〔13300〕

Learning **Management**

김영재 이정일 박인만 지음

공부도 경영이다

차 례

Ⅰ 목표

01 행복프로젝트 1단계 – 자기분석   23

02 행복프로젝트 2단계 – 목표설정   55

Ⅱ 실행

03 행복프로젝트 3단계 – 학습전략 세우기   87

Ⅲ 피드백

나비가 날아가는 곳을 따라서

문화가 발달함에 따라 이 시대를 사는 청소년들은 부모세대에 비해 풍족한 생활을 누리고 있다. 문화가 발달한다는 것은 더 많은 지식이 세상에 알려졌다는 것이며 그만큼 배움의 길에 있는 청소년들에게는 지식의 의무 또한 많아졌다는 것을 의미한다.

풍족한 문화시대에 사는 우리들의 자녀, 청소년들은 과연 행복한 삶을 살아가고 있을까? 청소년들이 추구하는 행복은 무엇이며 부모들이 자녀에게 바라는 행복의 요소들은 동일한 것인가? 이 시대의 교육은 그들이 바라는 행복의 열쇠를 그들에게 제대로 전달하고 있는가?

아직도 상급학교로의 진학에는 무조건 '잘 하는 것' 에 목표를 두고 있지는 않는가? 이 시대, 이 땅의 교육이 청소년들이 잘 할 수 있는 것을 찾는 것에 도움을 주기보다 잘 하지 못하는 청소년들에게 너무 쉽게 좌절감을 주고 있지는 않은가?

이 책은 청소년들에게 무조건 '공부 잘 하는 방법'을 알려주려는 것이 아니고 '내가 잘 하는 것', '내가 부족한 것'의 발견을 통해 '나'를 올바로 인식하며 스스로를 운영하는 경영자의 마인드를 갖게 하려는 것이다.

이스라엘의 교육법에서 부모는 아이들에게 능력의 우열보다는 아이들이 갖고 있는 개성을 발견하는데 교육의 초점을 둔다고 한다. 이는 부모가 자녀들의 장점을 발견하고 발전시킴으로써 자녀들이 학습에서 뿐만 아니라 삶에서도 성공적인 자기경영을 이룰 수 있다고 보는 것이다.

비에 젖으면 찢어질 듯 연약한 날개를 가지고 바람결에 그저 떠다니는 것만 같은 나비도 제 하늘을 만나면 제 방법으로 날아 오르지 않는가? 나비에게도 날아가는 데 제 나름대로의 길이 있다. 청소년 개개인의 세포 속에는 그만의 특성과 재능이 숨어 있다. 누가 그것을 발견하여 갈고 닦느냐에 따라 돌에 불과한 하찮은 것을 빛나는 보석으로 만들 수 있는 기막힌 찬스를 갖게 되는 것이다.

적당한 시기에 또 다른 하나의 방법으로 잠자고 있는 청소년들의 잠재력을 건드려 주자. 그러면 그들은 깨어 일어나 그들 세상을 향한 기지개를 켜고 그들의 하늘을 차지할 것이다.

여기 이 책은 우리의 소중한 청소년들에게 그들만의 하늘을 향해 비상하는 튼튼한 날개가 되어 줄 것으로 믿는다.

이 책이 나오기까지 골격을 잡는데 도움을 주신 서강대학교 정화민 경영학 박사와 편집을 도와주신 서강대학교의 송영아, 박정현, 김혜연씨에게 고마움을 전한다. 또한 이 책의 부족한 부분을 감수해 주신 김안나 원장께 감사드린다. 그 밖에 이 책을 쓰는데 조언과 격려를 해 주신 모든 분들에게 감사드린다.

지은이 일동

이제 더 이상 너는 공주가 아니다

오랜 진통 끝에 세상에 나온 내 첫아이를 품에 안고 나는 그 아이가 세상에서 유일한 공주라고 믿었다. 눈을 아직 못 떠도, 엄마라고 부르지 못해도, 산도를 빠져 나오느라 얼굴의 모습이 조금 찌글찌글해도 그 아이의 귀족성을 의심치 않았다. 우는 모습도 예쁘고 새근새근 잠든 모습에도 가슴이 벅찼고, 혹 또렷한 눈동자라도 마주치면 그 신기함은 말로 표현할 수 없었다.

날이 지나면서 시도 때도 없이 울어대며 너무나 보채는 아이는 점차 날 지치게 하였고 불어터진 라면을 결국 먹지 못하고 몇 번을 버린 끝에 아기를 바라보며 '네 울음조차 달래줄 수 없는 엄마가 평범한 엄마일 뿐 아니라 너도 더 이상 공주가 아니구나' 라고 단정지었다.

뭐든지 다 아기를 위해 해주었지만 결국 울음은 아기 스스로 때가 되면 멈추게 되는 걸 깨달았다.

세상은 치열하게 살아남아야 한다. 국가 경쟁력에서 강자가 되기 위해서라도 우리는 강하게 살아남는 방법을 터득해야 하며 그것을 아이들에게 가르쳐 주어야 한다. 목 마르면 '엄마 물 줘' 하는 공주는 이제 퇴출되고 있다. 벌떡 일어나 냉장고로 가서 스스로 물을 꺼내 먹고 물이 없으면 가게로 달려가 사 먹을 줄도 알고, 혹 그래도 물이 없다면 우물을 파는 법도 알아야 한다.

무한경쟁시대에 살면서 우리 부모 세대들은 아이들에게 너무 많은 것을 요구하고 있지는 않은가? 아이들에게 행복하기를 바란다고 주문처럼 외우고 있으면서 정작 일등만을 강요하며 내용물은 없이 행복의 포장지만 자녀들 눈 앞에서 흔들고 있는 건 아닌지?

아이들에게 생선을 맛있게 요리해서 갖다 주지 말라는 말이 있다. 맛있는 생선을 갖다 주기보다 생선 잡는 방법을 가르치라는 말이기도 하다. 이 말의 요점은 결과물을 제공하지 말고 과정의 하나하나를 가르치며 자녀들이 스스로 반복해야 할 때에도 잘 할 수 있도록 하라는 말이다. 부모는 일정 시간이 지나면 자녀들 곁을 떠나야 할 때가 온다. 그러면 어떤 형태든 자녀들은 스스로의 모습으로 일어서지 않으면 안된다. 그때 내 아이의 모습이 어땠으면 좋겠는가? 고기 잡는 법을 배우지 못한 아이들은 다른 아이들이 고기 잡는 모습을 바라보며 무능한 자신을 한탄해봐야 이미 때는 늦을 것이다.

그 중에서 가장 중요한 고기는 바로 '시간' 이다. 방법만 안다면 생선은 바닷가에 나가면 얼마든지 잡아 들일 수 있다. 그러나 시간을 낚는 것은 바로 지금 하지 않으면 안 된다. 왜냐하면 '지금' 은 되돌릴 수 없는 흘러간 과거가 되어 버리기 때문이다. 시간 잡는 방법을 바르게 알려주어야 지금 이 순간을 내 자녀들이 놓치지 않고 영원한 자신들의 역사로 만들 수 있을 것이다.

그리고 그 시간 낚는 방법이 바로 '플래닝' 이라는 것이다. 막연하기만 했던 플래닝의 기법들을 소개한다는 이 책을 만났을 때 학부모의 입장에서 기뻤다. 한편 좀 늦은 감이 있는 듯하여 아쉽기도 했다. 이미 내 자녀들은 많은 과거들을 낭비한 부분들이 있기 때문이다. 그러나 이 책의 권유대로 둘째 아이에게 플래너를 선물했는데, 당장 플래닝과 플랜을 실천하는 아이를 보면서 이 책의 영향력이 기대되었다.

부모들은 모든 자녀들이 소중하고 귀하게 자랄 것을 꿈꾼다. 그 소중한 존재의 대명사가 바로 공주일 것이다. 그러나 자녀를 위해 스케줄 관리까지 다 나서서 해주는 어리석은 행동은 이제 그만두어야 한다. 아기의 울음도 제 스스로 그쳐야 하듯 우리의 자녀들은 제 앞에 펼쳐진 인생의 모든 목표를 스스로 선택하고 책임지는 경영자로 나아가야 한다. 그래서 이 시대의 청소년들은 지혜로운 전사로 자라야 할 것이다. 인생은 시간과 자신과의 전쟁터이다. 21세기는 정보의 홍수시대라고 해도 과언이 아니다. 그 속에서 순간순간 어떤 정보를 선택하느냐에 따라 행복의 척도가 달라진다. 순간의 선택에서 승자가 되는 건 어떤 유용한 정보를 선택했느냐에 달려 있으며 유용한 정보 선택은 얼마나 시간을 유용하게 활용했느냐에 좌우된다.

자신의 목표를 분명히 세우고 목표를 향해 시간을 철저히 관리하며 인생의 진정한 경영자가 되었을 때 내 자녀들은 자신의 왕국에서 공주가 아닌 제왕이 될 것이다. 그 날을 꿈꾸며 이 책의 출간에 감사드린다.

학부모 감수자 김안나

무협영화를 보면 주인공이 무공을 익히기 위해 어렵게 초야의 숨은 고수를 찾아가지만 대부분 처음에는 문전박대 당하거나 기껏 제자로 받아준다고 하더라도 무공의 비밀대신 물이나 떠오게 하거나 온갖 잡일만 시키는 것을 많이 보았을 것이다. 세상에 지식을 가르쳐주는 선생은 많지만 영화 속에 등장하는 무림의 고수는 결코 친절한 선생의 이미지와는 거리가 멀다.

최근에 부상하고 있는 화두 중 하나는 바로 코칭이다. 1974년도 티모시 갤웨이의 《Inner Game of Tennis》에서 소개된 코칭의 개념이 세계적으로 확산되면서 우리나라에서도 2000년대 이후 여러 분야의 현장에서 응용되고 있다. 바로 이 무림의 고수는 좋은 선생은 아니지만 가장 훌륭한 코치일 수 있다.

좋은 코치란 학생들에게 지식을 잘 전달하는 사람이 아니라 학생들 스스로가 자기내면의 정신작용에 초점을 맞추고 자신의 잠재력을 최대한 끌어내도록 도움을 주는 사람이다. 지식을 받아들일 자세가 되어있지 않은 상태의 학생에게 지식의 주입은 비효율적이고 시간의 낭비일 뿐이다. 무림의 고수가 무공을 바로 가르쳐주지 않고 물 떠오기 심부름이나 청소를 시켰던 이유는 무공을 받아들일 수 있는 기본 체력과 자세를 먼저 확보하기 위함이다.

이제 티칭의 시대는 가고 있다. 학습에서의 티칭은 대개 상위 5% 이내의 자기주도성이 확보된 아이들을 위해 존재한다. 그 외의 95% 아이들에게는 티칭이 아닌 코칭이 필요하다. 그러나 공교육과 사교육 현장 모두에서 이 95%의 아이들은 코칭이 아닌 일방적 티칭으로 인한 지식의 과포화상태에 무방비로 방치되어 있는 것이 우리의 교육현실이다.

이 책은 이와 같은 자기주도성이 부족한 아이들을 위해 절대적으로 필요한 책일 뿐만 아니라 이미 스스로 잘하고 있지만 보다 더 효율적이고 구조적인 방법으로 공부에 접근하기 위한 학생을 위해서도 필요하다. 한편 학부모 및 교육현장에 종사하는 선생님들에게도 꼭 추천하고 싶다. 또한 이 책은 한

단계 더 나아가 학습코칭에 경영기법을 도입한다. 교육현장에서 많은 학습계발서와 학습교양서적들을 접하게 되는데, 이책이 학생과 부모 모두에게 필요한 이유는 학습경영이 자녀개개인의 특성에 맞는 목표설정 방법과 학습전략을 통해 행복한 자기경영습관을 길러줄 수 있기 때문이다. 《공부도 경영이다》는 학생들에게 소중한 학습지침이 될 것이다.

박왕근 (KAIST 수학과 박사, 대치동 마테마티카 대표)

I

목표

제 6장 학습코칭
제 5장 성취율 평가와 보상
제 4장 플래너 활용하기
제 1장 자기분석
제 2장 목표 설정
제 3장 학습전략 세우기

인간은 재주가 없어서라기보다는
목적이 없어서 실패한다.

월리암 A 빌리 선데이

요즈음 부모들은 아이들을 키우기가 너무 힘들다고 한다. 자녀들이 부모가 원하는 대로 공부에 충실하지 않고 자기 고집을 피우며 반발하고 문제를 일으켜서 부모에게 걱정을 끼치기 때문이다. 또한 자식의 장래에 대해 염려를 하며 공교육에 실망한 나머지 사교육에 많은 비용을 지출하지만 밑 빠진 독에 물 붓는 것처럼 비효율적인 결과를 보면서 부모들은 보다 효과적인 교육제도를 갈망하지 않을 수 없게 되었다.

사실 부모가 자녀에게 집착하는 근본 이유는 자녀의 삶이 행복하길 바라기 때문이다. 부모가 함께 하지 못하더라도 혼자 자립하여 잘 살아 주길 바라는 소망 때문이다. 그리고 그 해결책은 좋은 직업을 갖거나 좋은 직장에 입사하는 것에 달려있다고 생각한다. 그래서 전초적 작업으로 사교육 장에 자녀들을 보내놓고 그곳에서 잘 적응하여 좋은 성적을 올리기를 바란다.

이제 부모들은 자녀들이 정해진 틀 내에서 좋은 점수만 받기를 소망하기 보다는 자기경영과 리더십이 고급인재의 필수 조건이라는 것을 인식하고 기존의 틀을 깨나갈 수 있는 새로운 도구와 방법을 자녀들에게 찾아주려고 노력하게 되었다. 자녀를 사회의 리더(Leader) 혹은 능력 있는 팔로어(Follower)로 키우기 위해서는 일찍부터 명문화된 플래닝(planning)에 익숙해지도록 하고, 자기관리를 합리적인 방향으로 해 나갈 수 있는 저력을 키우도록 해야 한다.

저가혁명으로 생산시설의 중국 이동 및 저가 중국제품의 범람, 세계적으로 고급 IT인력의 공급원이 되고 있는 인도의 저임금 인력 등은 우리 자녀들의 일자리를 위협하고 있다. 또한 기술 엔지니어는 40세를 넘어서면서 제2의 직장을 알아보아야 하는데 마땅히 갈 만한 일자리가 없다.

이제 부모는 단순히 좀 더 나은 직장과 더 많은 연봉, 더 좋은 대우만을 얻기 위해 자녀들을 좋은 대학에 진학시키려는 생각에서 벗어나 자녀들이 진정으로 자신의 삶을 경영할 수 있는 능력을 배양하도록 이끌어야 한다.

사교육을 통한 부모님들의 노력에도 불구하고 우리 자녀들의 90%는 뚜렷한 인생의 목표설정과 구체적인 실천방법 없이 엄청난 사교육비를 써 가면서도 자기 스스로 공부하는 습관을 갖지 못해 자기관리를 요구하는 대학의 갑작스런 환경에 당황하게 된다.

그러므로 이제 학생으로 하여금 스스로 삶의 매 순간을 체계적으로 관리할 수 있게끔 하는 새로운 학습관리 시스템이 필요하다.

이러한 인식이 사회적으로 큰 공감대를 형성해 나가고 있는 지금, 본 연구소에서는 학습주체인 학생들이 학습목표를 설정하고 효율적인 학습방법을 선택할 수 있도록 자기경영학습 시스템을 개발하였다. 이것은 기존 경영학을 비롯한 각종 실용학문과 이를 뒷받침하는 기초학문 중 학습활동에 효율성을 줄 수 있는 이론들을 사용하여 구체화한 도구이다.

경영이라 하면 아직도 많은 사람들이 기업을 운영하는 사람들이나 쓰는 말이라고 생각하고 경영을 딱딱한 학문으로 생각하는 사람들이 많다. 그러나 경영은 개인 또는 조직의 공통된 목표를 위하여 자원을 효율적으로 배분하고 결합하는 일체의 행동과 전략을 말한다. 즉, 경영은 목표의 설정과 행동, 그리고 적용이다. 자기경영학습(Self-Management Learning)은 이러한 이론을 삶과 학습에도 적용하여 학생들을 주체적으로 변화시키고자 하는 열망이 담긴 슬로건이다.

본 책의 내용은 대부분 학업에 초점을 맞추어 진행되겠지만, 자기경영은 학업 이외의 모든 삶의 순간에서도 유효한 개념이다.

자, 이제부터 자기경영학습을 위한 행복프로젝트를 진행해보자. 행복프로젝트를 단계별로 실행하다 보면 자신이 원하는 것을 찾게 되고 그것을 성취하는 기술을 배우게 될 것이다.

01

행복프로젝트 1단계 - 자기분석

어떤 일을 해내는 것은 자신의 잘하는 점에 의해서이다.

자기 약점을 바탕으로 어떤 일을 성취하는 경우는 거의 없다.

단점을 커버하려는 노력보다 우선 장점을 극대화하려는

노력을 해야한다.

피터 드러커

1. 자기경영학습 지수
(SMLI: Self Management Learning Indicator)

목표를 효과적으로 달성하기 위한 방법인 경영은 이루고자 하는 분명한 계획의 설정에서부터 시작한다. 우리 자녀들을 성공적인 삶으로 이끌기 위한 자기경영학습법의 시작도 그와 같다. 하지만 목표의 설정보다 선행되어야 하는 것은 아이에 대한 객관적인 분석이다. 능력을 최대한도로 발휘할 수 있는 효율적인 목표를 세우기 위해서는 자신의 잘하는 점과 한계를 인식하는 과정이 필요하기 때문이다.

첫 번째로 자기경영학습 지수는 현재 내 아이가 스스로의 학습태도를 얼마나 효과적인 방향으로 길러왔는지를 객관적인 수치로 판단할 수 있게 해준다.

각각의 설문 항목들은 행복프로젝트의 6단계에 기반해 작성한 것이다. 자신이 현재 어느 정도의 경영능력을 가지고 있는지 알려주는 질문들이다. 9등급으로 나눠지는 판단 결과는 자신의 자기경영능력을 객관적으로 알 수 있게 해준다. 설문 항목에 대한 응답은 5가지로 나누어진다. 이때 중요한 점은 학습에 대한 개인의 이상형이 아닌 현재 자신의 모습을 그대로 반영할 수 있도록 솔직하게 체크해야 한다는 것이다. 설문의 응답을 마친 후에는 점수에 따라 합계를 내어 환산표와 비교하면 된다. 이제 아이는 자신의 경영 지수가 어느 정도인지 9단계 지표를 통해 구체적인 점수를 받게 된다. 낮은 단계가 나왔다고 해서 실망할 필요는 없다. 현 단계에서 좀 더 도약하여 서서히 경영 지수를 높여가는 것이 우리의 목표니까 말이다.

자기경영학습 지수(SMLI)의 측정표

No.	자기경영학습 항목	전혀 아니다	아니다	그저 그렇다	그렇다	매우 그렇다
		1	2	3	4	5
1	자신의 잘하는 점을 말할 수 있다. 1) 1개 2) 2개 3) 3개 4) 4개 5) 5개 이상					
2	자신의 못하는 점을 말할 수 있다. 1) 1개 2) 2개 3) 3개 4) 4개 5) 5개 이상					
3	자신의 외부에서 발생하는 찬스를 말할 수 있다. 1) 1개 2) 2개 3) 3개 4) 4개 5) 5개 이상					
4	자신의 외부에서 발생하는 스트레스를 말할 수 있다. 1) 1개 2) 2개 3) 3개 4) 4개 5) 5개 이상					
5	자기에게 주어진 찬스들을 활용하기 위해 자신의 잘하는 점을 이용하는 편이다.					
6	스트레스들을 극복하기 위해 자신의 잘하는 점을 이용하는 편이다.					
7	자신의 못하는 점을 보완하기 위해 자기에게 주어진 찬스들을 잘 활용하는 편이다.					
8	스트레스들을 극복하기 위해 자신의 못하는 점을 보완하는 편이다.					
9	자신의 성격에 따른 학습유형을 잘 파악하고 있다.					
10	구체적인 미래의 직업목표가 설정되어 있다.					
11	인생의 목표에 따라 자신의 경력을 관리하는 계획이 있다.					

번호	문항					
12	미래의 배우자에 대한 기준을 구체적으로 가지고 있다.					
13	자신의 연령대별로 가지고 싶은 재산의 기준을 구체적으로 가지고 있다.					
14	자신의 재산을 어떻게 사용할 것인지에 대한 기준을 구체적으로 가지고 있다.					
16	학교 진로에 대한 분명한 목표가 설정되어 있다.					
17	성적에 대한 분명한 목표가 설정되어 있다.					
18	단기적으로 학습계획을 세워서 생활한다.					
19	매일매일 목표한 공부 분량을 달성했는지 점검한다.					
20	자신에게 일어나는 일들을 우선 순위에 따라 정한 후 실행하는 편이다					
21	스스로에게 동기유발하는 방법을 알고 있다. (과목에 흥미,관심 가지기)					
22	자신에게 맞는 국어학습법이 어떤 것인지 알고 있다.					
23	자신에게 맞는 영어학습법이 어떤 것인지 알고 있다.					
24	자신에게 맞는 수학학습법이 어떤 것인지 알고 있다.					
25	자신에게 맞는 과학학습법이 어떤 것인지 알고 있다.					

26	자신에게 맞는 사회학습법이 어떤 것인지 알고 있다.					
27	자신에게 맞는 암기 방법이 어떤 것인지 알고 있다.					
28	평상시 계획했던 목표에 대한 달성률이 1)0~20% 2)20~40% 3)40-60% 4)60-80% 5)80% 이상이다.					
29	목표를 이뤄냈을 때의 성취감이 커서 계속 목표를 설정하고 달성하기 위해 노력한다.					
30	공부를 강요하는 사람이 없어도 스스로 계획한 목표 분량이 있으면 책상 앞에 앉는다.					
31	자투리 시간에 대한 자신만의 활용법이 있다.					
32	조그마한 성과를 이룬 자신에게 칭찬으로 보상한다.					
33	실패를 반복하지 않기 위해 원인을 분석하고 해결책을 찾아 실행한다.					
34	실패 자체는 나쁜 것이 아니지만 실패를 이끄는 무지와 나약함과 게으름은 나쁘다고 생각하는 편이다.					
35	다른 사람의 성격을 이해하고 원만한 관계를 형성하는 편이다.					

(출처 : 자기경영학습연구소, http://edu1388.co.kr)

1번 항목 계수_________개 x 1 점 =_________

2번 항목 계수_________개 x 2 점 =_________

3번 항목 계수_________개 x 3 점 =_________

4번 항목 계수_________개 x 4 점 =_________

5번 항목 계수_________개 x 5 점 =_________

점수 합계__________________점

아래에 환산표가 있다. 자신의 위치를 찾아보자.

상	10	175점
	9	157점 이상 ~ 175점 미만
	8	140점 이상 ~ 157점 미만
중	7	122점 이상 ~ 140점 미만
	6	105점 이상 ~ 122점 미만
	5	87점 이상 ~ 105점 미만
하	4	87점 미만

 따라서 자기경영학습 지수가 높은 학생들은 강한 성취욕구와 효과적인 시간관리 및 자기관리 능력을 갖고 있기 때문에 대부분 우수한 성적을 내고 있다. 그러나 모두가 그런 것은 아니다. 예를 들어 지수가 높은데 반해 학습성과가 낮은 학생의 경우, 잠재적인 발전 가능성이 크지만 적절한 학습방법을 모르기 때문에 좋은 성적을 받지 못하고 있다고 판단할 수 있다. 이처럼 자녀에 대한 좀더 객관적이며 정확한 판단을 내리기 위해서는 현실에서 증명된 성취 결과가 필요하다. 목표를 달성하는 정도에 대한 성취 여부는 학업성적으로 가장 쉽게 확인할 수 있다. 점수와 등수는 객관화된 수치이며 자녀의 위치를 파악할 수 있는 자료가 된다. 하지만 학업성적은 현재의 상태에 불과하다. 더욱 중요한 것은 자기경영학습 지수와 학습력을 통해 내려진 자녀에 대한 평가를 해석하고 문제점을 찾아 해결해 나가는 것이다. 이를 위해 이제는 심리학에서 확고한 위치를 점하고 있는 MBTI 검사의 총괄적인 개념을 통해 자신의 성격 유형을 파악해 보도록 하자.

다음의 표를 통해 정보를 인식하는 기능이 감각형인지 직관형인지 판단해 볼 수 있다. 자신의 성격은 자연스럽게 선호하는 쪽을 선택하는 것이다. 이상적으로 생각한 것이나 주위에서 바람직하다고 강요하는 것을 선택해서는 안 된다.

인식기능	감 각	직 관
정보 수집	구체적이고 세밀한 부분에 신경을 많이 쓴다. 사실성에 가치를 두며 추상적인 가치나 비현실성을 싫어한다. 정확한 정보를 좋아한다.	큰 틀, 숲을 보고 세부적인 것에 약하다. 색다르고 새로운 것을 좋아한다. 끝까지 듣지 않고 어림잡아 생각한다. 사람과 사물이 지닌 가능성을 잘 파악한다.

(출처 : 캘빈 홀이 쓴 《융 심리학 입문》을 참조)

아래의 표를 통해 판단하는 기능이 감정형인지 사고형인지 추측해 볼 수 있다.

판단기능	감 정	사 고
결 정	자신과 타인 등 사람 위주로 판단한다. 정보를 사람과 연결하여 상황에 따라 주관적으로 판단한다. 원칙이 자주 바뀐다. 즉각적, 개인적 가치관에 따라 판단한다. 마음으로 판단하는 형이다. 정에 약하다.	냉정하게 일 위주로 판단한다. 정보를 서로 연결하여 객관적으로 판단하려고 한다. 설득력이 있다. 원칙을 잘 지킨다. 타인의 결점이 눈에 잘 들어 온다. 정의에 따라 판단한다. 머리로 판단하는 형이다. 의지가 강하다. 고집이 세다.

(출처 : 캘빈 홀이 쓴 《융 심리학 입문》을 참조)

나의 성격은　　인식기능으로＿＿＿＿＿형

판단기능으로＿＿＿＿＿형이다.

성격 기능에 따른 학습유형은 아래의 표와 같다.

인식	판단	학습유형	아이콘
감각	감정	자유분방 나비 학습형	
감각	사고	성실한 꿀벌 학습형	
직관	감정	춤추는 돌고래 학습형	
직관	사고	고집 센 원숭이 학습형	

학습유형에 따른 특징들과 권장되는 학습법은 아래와 같다.

	자유분방 나비 학습형	성실한 꿀벌 학습형
특 징	(감각 - 감정) 현실지향적 정보수집 주관적, 관계중심 판단	(감각 - 사고) 현실지향적 정보수집 체계적, 논리적 판단
권장되는 학습법	자신이 학습하고자 하는 주제가 현실적으로 어떻게 적용되는지 살펴보게 되면 흥미가 생긴다. 감각적으로 느껴서 수집할 수 있는 정보에 유리하므로 경험을 통해서 학습하게 한다(사회, 역사 과목 등).	수업에 대한 예시에서 사실성 있어야 하며, 확실하고 분명한 체계를 가진 수업을 따라가야 효율이 높다. 애매모호한 수업을 들으면 잘 이해하지 못하고 흥미를 잃는다. 실질적인 분야에 대한 탐구에 관심이 높다.

(고돈 로렌스가 쓴 《성격유형과 학습스타일》을 참조)

　자유분방 나비 학습형은 감각을 통해서 인지한 정보에 대한 습득력이 높다. 직접 눈으로 보고 귀로 듣고 손으로 만진 경험은 쉽게 기억되며 확실히 이해한다. 예를 들어 사회과 학습의 경우 역사적 장소를 직접 찾아가 보고 생각해보면서 가족들과의 토론을 통해 얻게 된 역사에 대한 관점과 관심들은 매우 효과적으로 작용하게 된다. 또한 인정이 많고 사람간의 유대감을 중요시 하기 때문에 모둠 활동 시 친구들과의 관계를 부드럽게 하는 구심점이 될 수 있다

　자유분방 나비 학습형의 단점은 동기조절과 목표지향성이 넷 중에서 가장 낮다는 것이다. 그만큼 자기 자신에 대한 기대수준이 낮아서 작은 결과에 쉽게 만족한다. 더 높은 수준의 성과를 기대해볼 만함에도 불구하고 시도 자체를 안 하는 경향이 있다. 사람간의 유대감을 중요시하지만 그만큼 타인에게 쉽게 의지하기 때문에 상처도 쉽게 받고 감정적이어서 학습에 지장을 초래하기 쉽다. 깊은 유대감을 가진 인간관계를 통해 긍정적인 학습효과를 낼 수도 있지만 그것이 개인의 목표달성과 학습의지를 좌우해서는 안 된다. 따라서 부모는 자녀가 친구 관계로 인해 상처 받았을 때 적절한 코칭을 해주어 빨리 안정된 마음으로 돌아갈 수 있도록 살펴주어야 한다.

　성실한 꿀벌 학습형의 장점은 학습동기에 대한 조절능력이 가장 높으며 목표지향성도 가장 높다는 것이다. 누군가 시키지 않아도 정해진 커리큘럼에 따라 규칙적으로 해야 할 일을 달성한다. 집중력이 좋아서 문제해결을 즐기며 높은 암기력으로 좋은 성과를 낼 수 있다. 정확하고 명료한 사고체계를 지녔기 때문에 필요한 공식을 이용해 정형화되고 확실한 답을 낼 수 있는 수학에 흥미를 가지고 있는 사람이 많다. 체계적인 학습환경에서 편안함을 느끼고 높은 효율을 보이기 때문에 학교나 학원의 수업을 따라가는 것을 편하게 받아들인다.

　성실한 꿀벌 학습형의 단점은 계획적인 삶에 대해서 긍정적이며 목표의 수행이 가능하지만 돌발적인 상황에 대한 대처능력이 약하다는 것이다. 따라서 학습 시 예상 외의 경우나 계획이 생기는 경우 쉽게 집중할 수 없으며 그 이후의 계획까지 틀어져 버릴 수가 있다. 또한 자신이 계획한 대로 일이 진행되지 않으면 상황이나 계획을 바꿔보려는 시도조차 안한 채 그냥 포기하는 경우가 많다.

　대책으로 목표에 대한 단 하나의 과정을 설정하는 것보다는 상황에 따른 유연성을 가지고 계획을 수행할 수 있도록 해야 한다. 따라서 주변에서는 결과의 달성만을 요구할 것이 아니라 다양한 시도를 통해 자신만의 방법을 찾아 낼 수 있도록 지속적인 관심과 격려를 보여주는 것이 필요하다. 계획한 대로 일이 진행되지 않는 경우 부모나 교사와 함께 다양한 대안을 찾아보고 계획을 변경한 후에 그것을 달성해낸 자신이 스스로 뿌듯함을 느낄 수 있도록 해주어야 한다. 그러한 경험은 학생이 자신의 최초 계획이 틀어졌다 할지라도 비상구를 찾아 탈출할 수 있도록 도와줄 것이고 자기경영 능력을 쇄신시켜줄 것이다.

	춤추는 돌고래 학습형	고집 센 원숭이 학습형
특징	(직관 - 감정) 의미적 정보수집 주관적, 관계중심 판단	(직관 - 사고) 의미적 정보수집 체계적, 논리적 판단
권장되는 학습법	직관적인 인식을 갖고 있는 까닭에 현실보다는 미래의 가능성, 아직 일어나지 않은 일에 대한 호기심이 강하다. 또한 새로운 것, 변화 및 개선에 대한 관심이 높은 타입이므로 창조적인 환경을 만들어주게 되면 더 많은 가능성을 발견할 수 있다. 주관적인 성향이 강하므로 자율적이고 창의적인 방법을 통해 자발적으로 학습해야 높은 학습 효율을 보인다.	체계적이고 논리적인 분야의 학습을 좋아한다. 문제해결에 흥미를 느끼므로 도전을 통해서 또 다른 동기를 제공할 수 있는 수준의 문제를 풀게 한다. 목표에 대한 높은 기대치를 설정하여 자신의 잠재능력을 끌어올리게 한다.

(고돈 로렌스가 쓴 《성격유형과 학습스타일》을 참조)

춤추는 돌고래 학습형의 장점은 네 가지 학습형태 중에서 비교적 높은 목표지향성과 동기조절 능력을 가지고 있다는 것이다. 그만큼 학습에 있어서도 자신이 왜 공부를 해야 하며 무엇을 하고 싶은지에 대한 목표와 의지를 뚜렷하게 인식하고 있는 편이다.

언어적인 측면에서 남들보다 뛰어난 재능을 갖고 있는 사람이 많으며 현실 자체, 단순한 해석적 의미 자체보다는 그 이면에 있는 상징적인 의미를 파악하는 것에 능력이 있다.

단점으로는 직관성 강한 이런 타입이 복잡한 현대사회 속에서 적응력이 떨어진다는 점이다. 미래에 대한 높은 관심이 목표설정 등의 긍정적인 모습으로 이어질 수 있는 반면, 지금 현재 자신의 구체적인 상황에 집중하지 않고 이상적인 계획만을 벌려놓아 결국 실패하고, 종국에는 자신이 가졌던 큰 틀의 목표마저 희미해질 수 있다는 것이다.

이에 대한 대책으로 미래의 목표와 가능성에 대한 열정을 구체적인 계획의 설정을 통해 현실화시킬 수 있도록 플래너를 이용하게 한다. 매일매일 자신의 목표달성 정도를 파악하고 문제점을 찾아보는 피드백 과정을 통해 현실인식을 높일 수 있다. 또한 자신의 능력에 대한 객관적인 검토를 통해 가능성 있는 일, 도저히 할 수 없는 일에 대한 분별을 갖게 하여 지나치게 이상적인 계획으로 인해 목표를 향해 달려가는 중 손해와 비효율을 경험하는 빈도를 낮출 수 있도록 해야 한다.

고집 센 원숭이 학습형의 장점은 어려운 문제를 해결하는데 흥미를 느끼며 탐구형 학습자로 몰입하는 능력이 있다는 것이다.

학습 할 때에 단기적인 목표나 문제해결만이 아니라 전체적인 관점에서 근본적인 이해와 궁극적인 진리의 추구에 관심이 있다. 탐구력이 강하여 현재의 패러다임에 대항해 새로운 이론을 나름대로 고안하려고 시도한다. 고집 센 원숭이 학습형은 대체로 현상을 발견하고 논리적인 과정을 통해 원인을 추론하고 분석하여 이론을 성립할 수 있는 과학분야를 선호한다.

단점은 자기 스스로 단계적이고 체계적인 계획을 세우고 주체적으로 학습하는 것을 즐기는 타입으로 단체 프로젝트나 과제를 수행함에 있어서는 협동력이 부족한 모습을 보일 수 있다. 그렇기 때문에 그룹 학습환경에서 어려움을 느낄 수 있다.

지나치게 비판적으로 상황을 인식하거나 완벽하게 일을 처리하려는 경향이 있다. 전체적인 관점을 이해하고 흐름을 구성하는데 능력이 있으나 반면에 세부적인 측면에서 세심함이 떨어진다. 구체적인 사례나 이론들에 대한 흥미가 적어 무시하고 넘어가는 경우가 있다.

대책은 작은 그룹 관계에서 원만한 관계를 맺도록 노력해야 한다. 나의 생각만이 옳다는 의식으로 의견을 관철하지 않으며 다른 이의 의견을 듣고 서로의 옳고 그름보다는 상대적인 가치를 인정해주는 자세를 길러야 한다. 완벽하게 일을 처리하려다 보면 시간이 오래 걸릴 수 있는데 이러한 자신의 특성을 알고 스트레스를 받지 않도록 조심해야 한다.

세부적인 측면에 대한 관심과 집중도는 목표달성에 대한 계획을 꼼꼼하고 세심하게 나누어서 확인하고 넘어갈 수 있도록 한다.

이제 자녀의 학습유형을 파악하고 특징을 이해하기 바란다.

어떻게 4가지 형태로만 학생들의 유형을 구분지을 수 있는가 하는 반론이 있을 수 있지만, 동일한 학습유형을 가진 성공한 사람들의 학습전략을 바탕으로 본인에게 맞는 학습전략이 도출될 수 있으므로 그 유효성을 무시할 수가 없다.

다음은 각 학습유형별 자기경영학습 항목의 전략적 비중을 나타낸 것이다.
6개 항목 합계는 100%이다.

학습유형 \ 자기경영학습	자기 분석	목표 설정	학습 전략	플래너 활용	성취율 평가 / 보상	학습 코칭
자유분방 나비 학습형	10	20	20	30	10	10
성실한 꿀벌 학습형	10	20	20	20	20	10
춤추는 돌고래 학습형	20	20	20	25	10	5
고집 센 원숭이 학습형	20	20	20	25	10	5

자유분방 나비 학습형은 계획적인 생활에 가장 취약하므로 플래너 사용에 집중해야 한다.

성실한 꿀벌 학습형은 계획에서 변경되는 것에 대한 융통성이 취약하므로 성취율 평가/보상에 의한 피드백에 집중해야 한다.

춤추는 돌고래 학습형과 고집 센 원숭이 학습형은 현실적 정보수집이 약해서 다른 유형보다 자기분석에 시간을 더 할애해야 하며 플래너 활용에 의한 학습의 균형을 필요로 한다.

2. SWOT – 잘못해도찬스

우리는 행복프로젝트의 첫 단계에서 자기경영학습 지수를 점검하고 네 가지 성격유형 중에서 자기의 성격유형을 진단함으로써 자기경영 출발을 위한 기초를 만들었다.

'잘못해도찬스' 는 다음의 표와 같은 SWOT(Strength, Weakness, Opportunity, Threat)분석이라는 경영학의 전략 분석 방식을 이용한 것으로 자신의 장점과 단점, 그리고 현재의 기회와 스트레스 요인을 자기경영에 이용한다는 전략이다.

	강점 S	약점 W
기회 O	**강점 - 기회전략 (SO)** 기회를 활용하기 위해 강점을 사용	**약점 - 기회전략 (WO)** 약점을 극복하기 위해 기회를 활용
위협 T	**강점 - 위협전략 (ST)** 위협을 회피하기 위해 강점을 사용	**약점 - 위협전략 (WT)** 위협을 회피하고 약점을 최소화

(기업에서 사용하는 SWOT전략의 예시)

장점을 잘하는 점으로, 단점을 못하는 점으로, 기회는 찬스로, 그리고 위협은 스트레스로 여기고 첫 글자를 따서 '잘못해도찬스' 라는 이름을 지었다. '잘못해도찬스' 는 학습전략을 수립함에 있어 잘하지 못해도 기회가 있음을 의미한다. 오히려 힘들고 어려워서 시도조차 하지 않는 것은 자신에게 찾아온 기회를 알지 못하고 날려버리는 것이다.

세계 무대를 향해 꿈을 넓혀가는 한국인들에게 귀감이 되고 있는 반기문 유엔총장의 성장기를 보자. 그는 가난한 집안에서 태어나 하루하루 생활을 이어나가기도 힘든 어린 시절을 보냈다. 하지만 누구보다 공부를 좋아하고 즐겼던 반 총장은 그 중에서도 영어에 관심이 많았고 중고등학교 시절에 열심히 실력을 키워나갔다. 관심을 가지니 모든 학업이 영어에 치중하게 되고 점차 영어에 자신이 생기게 된 그는 고교시절 미국 방문 프로그램에 지원하여 선발돼서 미국을 방문할 기회를 얻게 되었다. 가난한 형편으로 볼 때엔 어림없는 일이었지만 그는 기회를 놓치지 않았다. 그 곳에서 케네디 대통령을 만나면서 외교관이라는 새로운 꿈을 꾸게 된 반 총장은 고교 졸업 이후 서울대 외교학과에 진학하고 외교관이 되어 자신의 꿈을 이룰 수 있었다. 이처럼 가난이라는 약점, 스트레스의 요소가 그의 발목을 잡았지만 그는 좌절하지 않고 계속 공부에 몰입하여 오히려 단점인 가난을 극복하고 고통을 인내하는 새로운 장점을 가질 수 있었다. 그렇기 때문에 방문학생 프로그램이라는 기회가 왔을 때 놓치지 않고 기회를 잡았고 기회를 통해 다져진 실력을 발휘해서 결국 성공하게 되었다.

우리 삶 속에는 반 총장과 같이 자신의 인생 목표에 지대한 영향을 미치게 될 큰 목표뿐만이 아니라 이 큰 목표를 이루기 위한 작은 목표들도 올바로 세워져야 할 것이다.

다음의 예를 보자.

대부분의 아이들은 하교 후 집에 와서 흐트러진다. 손쉽게 보고 접할 수 있는 TV와 인터넷 등에 빠지면 아이들은 공부하고자 하는 욕구를 쉽게 버리게 된다. 이런 점을 포착한 각 학교에서는 '야간 자율학습'을 실시하여 아이들을 좀더 오랜 시간 학교 교실에 남아 스스로 공부할 수 있는 환경을 제공한다. 삶에서 활용할 수 있는 기회들은 특별한 해결책과 방법으로 만들어지는 것이 아니라 평범하게 주어진 상황을 기회로 전환함으로써 얻을 수 있다. 하교 후 집에서 공부에 집중하지 못하는 자녀들에게 학교의 야간 자율학습을 기회로 생각하고 긍정적으로 참여하도록 권해 보라. 이때 자녀들에게 몇 가지의 스트레스 요인이 발생할 수도 있다. 학교에서 공부는 하지 않고 친구들과 떠들게 된다거나 야간 자율학습으로 인해 학원을 주말까지 다니게 되는 등의 스트레스 요인이 늘어날 가능성이 있다. 그러나 어느 정도 선생님들의 강제성이 동반된 관리 감독이 이루어지는 상황이기 때문에 친구들과 떠드는 것은 통제가 가능한 스트레스 요인이다. 실제로 우리가 생활에서 접하게 되는 기회들이 모두 긍정적인 변화를 가져다 줄 것이라고 기대하는 것은 무리이다. 목표를 상실할 수 있는 스트레스 요인들을 학생 스스로가 잘 다스림으로써, 또는 잘 다스리도록

지도함으로써 작은 기회의 활용을 통해 큰 목표를 이루어 나
갈 수 있는 준비가 되는 것이다.

그렇다면 '잘못해도찬스' (이하 SWOT)의 실제적인 분석은
어떻게 이루어지는가.

분석틀의 적용은 앞서 말한 대로 자기경영학습 지수와 자신
의 성격유형에 따라서 이루어진다. 우선 자녀로 하여금 이미
인지하고 있는 자신의 장단점을 나열하게 한다. 이 과정에서
부모는 중간에 끼어들어 간섭하지 말고 자녀 스스로 생각하여
적을 수 있도록 한다. 기회와 스트레스에 대해 자녀들이 그 의
미를 잘 모른다면 부모가 설명해줄 필요는 있다. 스트레스의
경우 현재 자녀가 감정적으로 힘들게 생각하고 있는 요소뿐
아니라 환경적인 측면도 생각할 수 있도록 해주어야 한다. 예
를 들면 공부를 열심히 하던 친한 친구의 전학이나 오랫동안
다니던 학원을 옮기는 데서도 자녀들은 심리적인 불안정을 느
낄 수 있으며, 이것이 스트레스가 될 수도 있다. 기회 역시 이
와 비슷하여 단지 눈에 보이는 좋은 점뿐만 아니라 좋은 영향
을 끼치는 다양한 요소를 파악하여 나열할수록 좋다. 자기경
영학습법에서 "SWOT"의 적용을 돕기 위한 예시를 제공하고
있으니 참고가 될 것이다. 자녀들을 올바로 도와주기 위해선

부모가 먼저 충분히 이해하고 숙지하여야 할 것이다.

● 장점 & 기회 전략 : 기회를 살리기 위해 장점을 활용하는 전략을 선택하라.

　영훈이는 그 동안 자신감 있고 활발한 성격으로 많은 이들에게 인정받는 리더십을 발휘해왔지만 학업 성적은 좋은 결과를 내지 못했고, 그것이 본인에게는 불만사항이었다. 새 학기에 들어서면서 학교의 야간 자율학습이 생기자 이것을 기회로 활용하기로 하였다.

　학교의 야간 자율학습에 의해서 학교에 남아 생활하게 된 영훈이는 스스로의 공부시간을 늘릴 수 있을 뿐만 아니라 친구들이 열심히 공부하는 모습도 볼 수 있게 되었다. 자존심이 강한 영훈이는 상위권 친구들이 공부에 집중하는 모습을 가까이서 보게 되면서 많은 자극을 받았다. 자신도 잘 할 수 있을 것이라는 생각과 함께 공부에 대한 강력한 동기유발 요인을 갖게 되었다. 이런 때에 부모님들이 자녀가 자율학습을 꾸준하고 효율적으로 해나갈 수 있도록 격려와 관심을 보여준다면 좋은 효과를 거둘 것이다.

● 장점 & 스트레스 전략 : 스트레스를 극복하기 위해 장점을 활용하는 전략을 선택하라.

그 동안 성적에 대한 큰 걱정은 없었지만 학년이 올라가면서 경쟁이 치열해지자 영훈이는 점점 등수가 떨어지게 되었다. 개인적인 차원에서 친구들과의 경쟁에서 밀리자 자존심이 상했을 뿐 아니라 대학 입시에 대한 걱정이 커지기 시작했으며, 집에서도 계속되는 성적 하락을 염려하게 되었다. 영훈이는 점차 공부에 대한 흥미와 자신감을 잃어갔으며 공부에 집중하기도 어려워졌다.

영훈이에게 공부에 대한 흥미를 되살리고 동기유발을 해줄 수 있는 것으로 무엇이 있을까?

우선 영훈이를 격려할 수 있는 조건을 살펴보는 것이다. 즉 장점을 발견하여 그것을 칭찬해주고, 그것으로 대학에 진학할 수 있는 길을 찾아주는 것이다.

영훈이의 장점은 어렸을 때부터 꾸준하게 관심 가져왔던 천체관측 부분이다. 지구과학 분야 중에서도 특히 천문우주 분야에 관심과 조예가 깊었다. 이 경우에 부모는 자녀의 장점을 파악하고 그것이 발휘될 수 있도록 도와주어야 한다. 영훈이의 경우는 천문우주학과와 같은 관심분야에서 우주의 기원 및 세계 각국의 우주전쟁, 우주인과 우주여행이라든지, 혹은 역사 적인 천문관측기기의 발달, 천문가의 생애 등에 대한 부모와의 대화를 통해 공부에 대한 흥미와 집중을 유발시킬 수 있다.

● 단점 & 기회 전략 : 단점을 보완하기 위해 기회를 활용하는 전략을 선택하라.

영훈이의 단점은 자기 주장을 굽히지 않는다는 것과 방과 후 시간을 효율적으로 쓰지 못하고 지나친 낮잠 등으로 시간 낭비를 하는 것이었다. 계획적이지 못해 불성실해 보이는 학 습 태도를 걱정한 부모님께서 영훈이에게 야간 자율학습을 권 했다. 그 동안 영훈이는 학교의 학습환경이 자신에게 맞지 않 는다는 이유로 자율학습을 거부해 왔다. 하지만 학교의 야간 자율학습이 강제적으로 실시되는 방침이 세워지면서 영훈이 는 자신의 고집을 접고 자율학습에 참가하게 되었다. 야간 자 율학습을 하게 되면서 부모님의 조언을 받아들이고 덧붙여서 학습 플래너를 이용하게 된 영훈이는 자율학습 시간을 효율적 으로 관리해 나갈 수 있게 되었다. 플래너 사용이 원활히 될 때까지 시간이 좀 필요했지만 영훈이는 플래너 사용을 통해서 자신이 해야 할 과목과 범위, 학습량, 시간에 관한 목표를 설정하는 법을 배울 수 있었다. 뿐만 아니라 계획을 지켜나가고 그 결과를 기록하면서 스스로의 부족한 부분을 발견하고 고치려고 노력하였다. 부모들은 이 같은 단점 & 기회 전략을 코치해줄 때 조급함을 버려야 한다. 단점을 보완하면서 시너지 효과를 발휘하여 자녀에게 성공적인 결과를 가져다 줄 때까지 기다려 줄 수 있는 인내심이 필요하다.

● 단점 & 스트레스전략 : 스트레스를 극복하기 위해 단점을 보완하는 전략을 선택하라.

단점 & 스트레스 전략은 긍정적인 측면은 그대로 둔 채로 부정적인 요인인 단점과 스트레스의 위기를 극복하는 방법이다. 영훈이는 척추측만증으로 인해 장시간의 공부를 힘들어 할뿐 아니라 짧은 공부시간에도 쉽게 집중하지 못했다. 이러한 환경적 요인의 스트레스에서 벗어나기 위해서는 병원의 정기적인 치료와 함께 근본적인 원인을 해결하려는 노력이 병행되어야 한다. 또한 허리에 무리가 가지 않는 인체공학적 설계의 책상과 걸상 등을 준비해줌으로써 공부에 몰입할 수 있도록 도와주어야 한다. 이렇게 해서 단점으로 지적되었던 방과 후의 낮잠 시간이 긴 것을 보완할 수 있었다. 그러나 척추측만증의 고통과 그로 인한 집중력의 저하는 단지 환경의 변화만으로 해결할 수 있는 것은 아니다. 물론 척추측만증을 가지고 있는 학생들의 경우 일반적인 학생에 비해 더 많은 노력이 필요한 것이 사실이다. 그러나 아픔을 이유로 공부를 기피하려는 행동을 합리화시켜서는 안 된다. 이 때 불편한 신체와 정신적 장애를 극복하고 성공한 위인들의 삶을 들려 준다든지 아픈 몸으로 병상에서 열심히 입시를 준비하여 성공한 사례를 전하면서 학생 스스로 공부에 대한 집념과 끈기를 갖고 이겨낼 수 있도록 동기유발을 강화해 주어야 한다.

영훈은 각 전략을 통해 우선 실행전략을 선택했는데, 그 중에서도 최우선 실행전략으로 야간 자율학습에 참여하는 습관을 들이기로 했다. 야간 자율학습을 효과적으로 만드는 실행전략은 다음 행복프로젝트 단계에서 목표를 정하고 실행계획을 수립함으로써 완성된다.

주어진 찬스와 스트레스를 통해 잘하는 점은 극대화하고 못하는 점은 보완한다.

잘하는 점		찬스(기회)		스트레스(위험)		못하는 점	
01	리더십이 있다	01	야간 자율학습	01	공부에 대한 자신감이 하락함	01	고집이 세다(내 생각이 최고 ~!)
02	준전문가급의 천문관측 실력 보유	02	공부 잘하는 친구들 많음	02	척추측만증에 걸려 있다	02	다혈질 --;
03	흥미 있으면 집중 잘함	03		03		03	방과 후 긴 낮잠
04	자존심이 강하다	04		04		04	척추측만증 치료를 귀찮아 함
05	친구가 많다	05		05		05	

찬스를 살리기 위해 잘하는 점을 활용하는 전략		스트레스를 극복하기 위해 잘하는 점을 활용하는 전략		못하는 점을 보완하기 위해 찬스를 활용하는 전략		스트레스를 극복하기 위해 못하는 점을 보완하는 전략	
01	자존심 때문이라도 야자 때 열심히	01	흥미가 많은 천문관측 분야로	01	집에 오면 침대에 눕고만 싶으므로	01	척추측만증 치료를 적극적으로 받겠다
02	공부해야지~!!	02	진학하면 나도 가능성이 있지 않을	02	무조건 학교에 남겠다	02	부모님께 적합한 책걸상을
02	공부 잘하는 친구들은 무슨 생각을	03	까 생각한다, 진학·취업 정보	02	내가 고집이 세고 다혈질이라	03	사달라고 부탁드리겠다
04	가지고 공부하고 있는지 물어보겠	04	상담을 받아보겠다, (적성검사도	04	내 공부법만 고집하고, 엄마한데	03	다혈질이라 열정이 많다! 공부에
05	음	05	해 주는 곳에서 ~)	05	화를 자주 낸다, 반성하고 싶다	05	열정을 쏟기로 하자,

우선 실행전략	
01	진학 정보 상담으로 동기유발
02	야간 자율 학습 참여하는 습관
03	들이기 (처음엔 힘들겠지만 ~
04	습관이 되면 괜찮을거야 ㅠ·ㅠ)
05	

우선 실행전략	
01	척추측만증 정기 치료 상담 받기
02	담임 선생님께 여쭤보고 학교
03	의자를 좀 더 편안한 것으로
04	교체해야지 ~^^;
05	

최우선 실행전략

일단 무조건 야자 시작~! 파이팅이얍~!!

다음 표는 'SWOT'를 작성하기 어려워하는 자녀를 위해 예제로 활용할 수 있다.

	장점	단점
1	목표한 바를 위해 꾸준하게 노력하는 성실함	계획한 일을 달성한 적이 거의 없다.
2	한번 마음 먹은 일은 포기하지 않는다.	처음엔 재미있다가도 며칠 안돼서 흥미를 잃는 경우가 많다.
3	독서량이 많다.	다혈질이라 쉽게 화를 낸다.
4	집중할 수 있는 시간이 길다.	문제풀이 요령 위주로 공부를 한다.
5	○○과목의 성적이 좋다.	삶에 대해서 비관적이다.
6	학교 선생님들과 친하다.	공부에 집중할 수 있는 시간이 짧다.
7	학교에서 리더십을 인정받고 있다.	하루에 컴퓨터를 3시간 이상 한다.
8	계획성 있게 공부한다 (플래너를 사용한다).	좋아하는 과목만 공부하려고 한다.
9	이해력이 빠른 편이다.	한시도 핸드폰을 떼어놓지 못하고 문자 메시지를 이용한다.
10	참을성이 있다.	공부를 잘해야 한다는 강박관념에 사로잡힌다.

	기회	스트레스
1	고교생 대학 탐방 프로그램에 당첨되었다.	공부하는 책상에 컴퓨터가 놓여 있다.
2	담임선생님의 추천을 받아 외부에서 주최하는 경시대회 출전권을 얻게 되었다.	학교 앞 만화 대여점을 그냥 지나칠 수 없다.
3	집 앞에 구청에서 운영하는 무료 청소년 공부방이 생겼다.	나보다 공부를 잘하는 동생과 늘 집에서 비교당하는 느낌이다.
4	외국인 유학생이 우리 집에서 얼마 간 홈스테이를 하게 되었다.	책상 앞에 앉아서 공부하려고 하면 늘 거실의 TV 소리 때문에 집중이 안 된다.
5	학교에서 이번에 냉난방기를 새 것으로 모두 교체하여 실내 온도를 쾌적하게 유지할 수 있게 되었다.	친구들이 자꾸 같이 놀자고 유혹한다.

6	다니는 학원에서 같은 학교 친구를 만나 함께 공부할 수 있게 되었다.	최근 어머니와 아버지 사이가 매우 좋지 않아서 집안 분위기가 어둡다.
7	학교에서 방과 후에도 자율학습을 위해 교실을 개방하기로 결정했다.	요즘 친구와의 관계가 소원해진 것 같아 걱정스럽다.
8	부모님과 진로문제, 학업문제, 고민 등에 관해 터놓고 이야기 할 수 있는 기회가 생겼다.	학급 임원을 맡고 있는 탓에 할 일이 많아서 공부할 시간을 내는 것이 어렵다.
9	장래희망에 대해 부모님께 털어놓았더니 적극 지원해주신다고 하셨다.	집 주변의 큰 공사 때문에 소음이 심하다.
10	집 근처에 시립도서관이 있다는 사실을 알게 되었다.	스트레스를 받으면 두통이나 복통이 심한 편이다.

주어진 찬스와 스트레스를 통해 잘하는 점은 극대화하고 못하는 점은 보완한다.

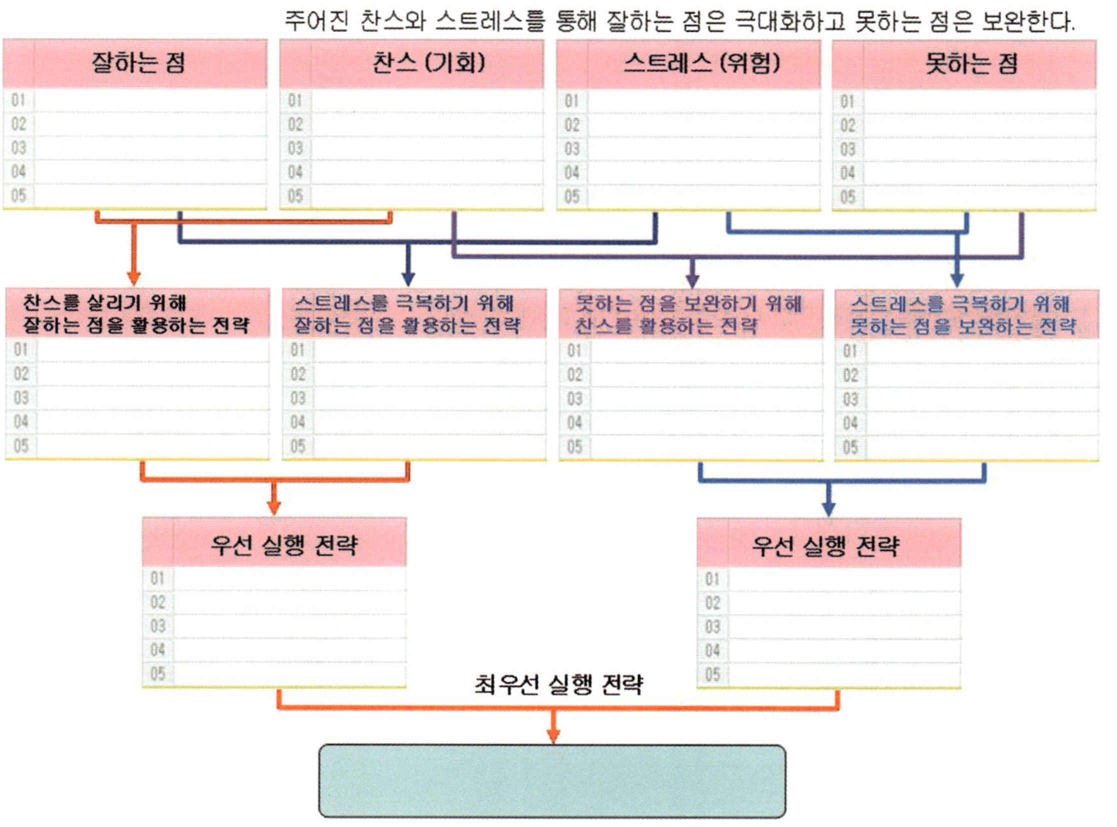

(출처 : 자기경영학습연구소, http://edu1388.co.kr)

02

행복프로젝트 2단계 - 목표설정

헤르만 헤세

우리의 목적은 서로 같아지는 것이 아니다!

타인을 이해하고 있는 모습 그대로 존중하기를 배우기 위해

서로 인정하는 것이다.

헤르만 헤세

목표중심경영은 현대 경영학의 아버지라고 불리는 피터 드러커에 의해서 주창된 경영이론이다. Management By Object를 뜻하는 MBO는 목표를 설정하고 달성해가는 과정을 통해 나타나는 긍정적이고 효율적인 변화를 추구한다. 이러한 '목표에 의한 관리' 방식은 자녀들이 자신의 인생을 알차게 꾸려나가는 데에 큰 도움이 된다. 자발적인 학습목표설정을 통해 자기경영학습으로 목표에 차근차근 다가설 수 있다.

자기경영학습은 자녀가 자기 인생에 대해 경영자 입장에서 학습을 하는 것이다. 자녀가 자신의 삶에 대해 결정하고 수행한 결과에 대해 책임을 지는 것이 바로 그것이다. 이는 자녀가 홀로서기를 할 때에 꼭 갖추어야 할 부분이다.

성과목표	핵심업무	핵심성공요소	성과지표	년목표	성과등급					가중치
					S	A	B	C	D	

실행계획(추진과제)	추진항목	세부내용		추진일정 1 2 3 4 5 6 7 8 9 10 11 12	완료예정일
	지원요구사항		보완요구사항		

(기업에서 사용하는 MBO 양식 예)

자녀가 주도적으로 목표를 설정하면 좋겠지만 대부분의 자녀들은 스스로 설정할 수 있는 능력이 부족하다. 따라서 자기경영학습법에서는 목표설정을 쉽게 할 수 있도록 프로그램을 지원하고 있다. 이 프로그램은 목표설정뿐만 아니라 설정된 목표의 달성 정도에 따라 성과를 평가하며, 피드백(feedback) 과정을 통하여 자기보상 및 반성을 할 수 있도록 정보를 제공한 후 목표수정을 통해 지속적으로 실행할 수 있도록 도와준다. 또한 부모에게 진행상태와 달성 결과를 문자 서비스를 통해 알 수 있도록 하며, 문제가 있을 때 자녀에게 적절한 학습코칭을 할 수 있도록 도움말을 지원한다.

그런데 많은 학생들은 목표를 설정하지 않고 있는데, 그 첫 번째 이유는 목표에 대한 장점을 잘 모르기 때문이다. 목표 없이 인생의 여행을 떠나는 자는 목적지 없이 이륙한 비행기와 같다. 결국 항로를 이탈해 추락하거나 원하지 않은 곳에 착륙할 수 밖에 없는 것이다.

목표는 노력해야 할 방향을 분명하게 만들어 전략적으로 생각하게 하고 좌절과 게으름을 몰아내는 강력한 동기가 되며 행동 추진력을 만들어 준다. 그리고 의욕을 고취시키고 신선한 자극을 주고 꿈과 이상을 키워줌으로써 열정이 생기게끔 해준다.

목표설정을 하지 않는 또 다른 이유는 자기에 대한 과소평가 때문이다. 부모나 친구로부터 무능하다는 평가를 받아온 청소년들은 자긍심이 낮고 성취의욕이 없어 목표설정에도 관심이 없다. 이런 자녀에게 절실히 요구되는 것은 칭찬과 격려이다. 부모부터 칭찬할 것이 무엇인지 자세히 관찰하여 충분히 칭찬해 주어야 하며 부정적인 말은 절대로 하지 않도록 조심해야 한다.

새로운 목표로 인해 자유가 침해당한다는 생각도 목표설정에 소극적이 되는 이유가 될 수 있다. 자기가 하고 싶은 대로 공부하는 것을 좋아하고 스케줄에 얽매여 제한당하는 것을 싫어하는 성격이라 굳이 목표를 설정할 것이 아니라 마음 내키는 대로 하고 싶기 때문이다.

이런 성격의 자녀에게는 목표에 대한 인식을 바꾸도록 유도해야 한다. 목표를 설정하고 계획을 세우는 것은 정해진 규칙이나 틀에 얽매이도록 하기 위한 것이 아니고 막연하게 생각으로만 가지고 있던 바를 구체화시켜보는 과정이라는 의식을 갖도록 해야 한다. 그러므로 머릿속을 맴돌던 생각에서 끝나지 않고 세운 계획대로 실천하게 만들어주는 힘이 될 수 있다는 점을 깨닫도록 해야 한다. 또한 목표란 한 번 설정하면 두 번 다시 바꿀 수 없는 것이 아니다. 상황에 따라, 생각의 변화에 따라 얼마든지 유연하게 목표를 수정하고 그것을 향해 나아갈 수 있다는 점 역시 자녀들에게 인식시켜 주어야 한다. 목표의 설정은 자유를 제한하는 것이 아니라 자유를 보다 효과적으로 누릴 수 있도록 도와주는 것이다.

우리는 성공을 위해 목표를 설정하는 것과 함께 시간관리의 중요성을 이해하는 것이 필요하다.

시간관리는 어떻게 하는 것인가?

먼저 시간관리에 대한 정의를 살펴보자.

"시간관리는 변화를 효과적이고 효율적으로 만들어내는 능력이다."

효과성(effectiveness)은 계획된 목표를 달성하는 정도이고 효율성(efficiency)은 목표를 달성하기 위해 사용하는 자원과 관계된다.

따라서 시간관리는 시간이라는 자원을 적절히 투입하여 목표에 직접 영향을 미치는 핵심적인 변화를 달성하는 능력이다.

시간관리의 핵심은 무엇인가? 그것은 바로 효과성이다. 그리고 그 효과성의 핵심은 목표이다. 목표를 향해 바람직한 변화를 가져오기 시작한다면 이는 인생의 반은 성공의 길을 가고 있다고 볼 수 있다.

인생에서 성공하기 원하는가? 그렇다면 우선 목표를 세워야 한다. 목표를 세웠는가? 그 다음에는 목표를 달성하기 위해 철저한 시간관리를 해야 한다. 구체적인 계획을 세운 후 바로 행동으로 시작해야 한다.

"인간 내면에 가장 깊이 잠재한 동인(motive)은 삶의 의미와 목적이다." 라고 빅터 프랭클 박사는 말했다. 이 말은 자신이 가장 가치 있다고 여기는 무언가를 찾는다는 것은 곧 자신의 내면에 존재하는 동인을 발견한다는 것이다. 자녀들이 이러한 동인(motive)을 자신의 내면에서 발견하게 된다면 스스로 목표를 세우게 되고 공부에 몰입하게 될 것이다. 자녀들이 이러한 전환점(Turning point)를 만나게 하기 위해 부모와 각 교육기관에서는 노력하지만 때때로 눈 앞의 성적 때문에 중요한 핵심을 놓치는 경우가 있음을 주의해야 할 것이다.

그러면 우리 자녀들에게 전환점을 만들어 주기 위해 무엇을 해야 할까?

1. 가치 목표설정

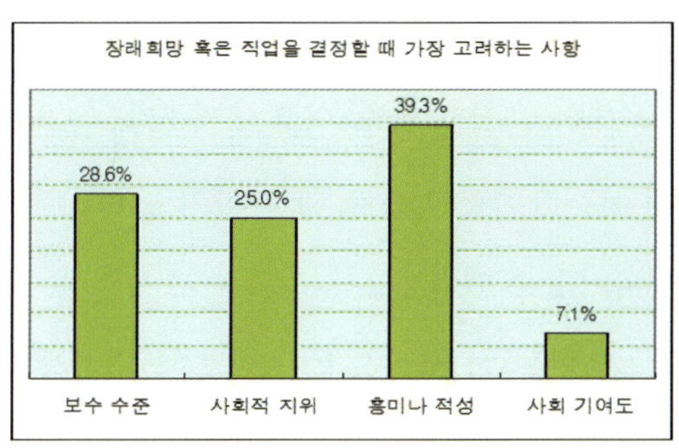

먼저 인생을 전체적으로 생각해 볼 수 있도록 해야 한다. 가치 목표설정을 통해 자신의 인생에 대해 설계하면서 생각할 기회를 갖도록 한다. "자기경영학습연구소" 웹 사이트에서는 자신의 직업, 사랑, 재산, 봉사, 그리고 종교 가치 항목을 설정함으로 전체 인생을 설계할 수 있도록 하였다.

실제로 많은 학생들은 아직 구체적인 미래의 직업목표가 설정되지 않았다 할지라도 자신의 인생을 설계하는데 필요한 가치로 위와 같은 항목들을 들고 있다.

설문조사 결과에 의하면 고등학생들의 39.3%는 자신의 흥미와 적성을 살릴 수 있는 직업을 갖기를 바랬다. 또한 학생들은 흥미와 적성뿐만 아니라 보수와 같은 물질적 가치들에도 많은 관심을 보였다. 개인의 경제적 능력 및 경제지식에 대한 이해의 중요성이 점점 높아져가고 있는 사회풍조 속에서 자녀들이 올바른 경제관념과 가치관을 갖게 도와주어야 한다. 사회적 지위에 대한 관심도 보수 수준 못지 않게 높은 비율을 차지함으로써 아이들이 직업을 통해 자신의 능력과 가치를 인정받고 싶어함을 알 수 있다.

뿐만 아니라 7.1%의 아이들은 직업을 선택함에 있어서 봉사 혹은 종교를 통한 사회 공헌의 정도를 중요하게 고려한다고 답하였다. 부모들은 이러한 목표설정에 영향을 끼치는 동기부여의 궁극적 의미와 지향점을 생각하고, 자녀들이 더 넓은 관점에서 인생과 성공을 바라볼 수 있도록 도와줄 수 있어야 할 것이다. 이처럼 직업, 사랑, 재산, 봉사, 종교 항목들에 대한 가치설정은 앞으로 자녀가 미래에 대한 인식을 넓히고 구체적인 목표의식을 갖는데 도움을 줄 것이다. 그리고 가능하면 부모는 여러 가지 체험 기회를 통해 자녀 스스로 가치 목표에 대해 생각할 수 있는 기회도 제공해 줄 필요가 있다.

1)직업 목표설정

한국직업능력개발원에서 조사 발표한 한국인의 직업의식에서 직업을 택할 때 가장 중요하게 여기는 것은 '일에 대한 자부심'과 '직업의 사회적 지위'라고 한다. 그리고 학력이 높을수록 일에 대한 만족도가 높았다.

일에 대한 자부심은 개인의 가치관에 따라 영향을 받으므로 자신이 원하는 것을 찾는 것이 중요하다. 학력이 높을수록 자신이 원하는 것을 선택할 수 있는 기회가 많으므로 더 열심히 공부하는 것이 성인이 된 후 사회생활에서의 만족도를 높여줄 수 있다. 그러나 주의할 점은 공부 대신에 다른 재능을 열심히 개발한다면 그것도 직업 만족도를 높일 수 있음을 간과하지 말아야 한다는 것이다.

직업을 찾는데 있어 다음 질문은 많은 도움을 줄 것이다.

- 내가 진정으로 원하는 것은 무엇인가?
- 내가 무엇을 할 때 가장 만족해 하며, 또 만족할 것인가?
- 나는 사회생활에서 어느 정도의 수입을 원하는가?
- 내 가족에게 어느 정도의 생활수준을 제공할 것인가?
- 나는 어떤 집에서 살고 싶은가?

- 나는 어떤 차를 타고 싶은가?
- 나는 어느 나라, 어느 지역에서 살고 싶은가?
- 나는 리더가 되기를 원하는가?

2) 사랑 목표설정

사회적으로 성공하는 것만큼이나 우리 삶을 충만하게 해 줄 수 있는 부분이 바로 사랑이다. 사람은 홀로 살아가는 존재가 아니며 서로가 서로에게 의지하고 기대어 함께 살아가는 사회적 존재이다. 진정한 사랑을 얻기 위해, 혹은 주기 위해 나는 지금부터 무엇을 준비해야 할까?

사랑이 반드시 결혼으로 이어진다고 말할 수는 없지만, 결혼은 사랑의 완성형 중 하나라고 할 수 있다. 우리는 결혼을 통해 여태까지와는 다른 새로운 생활 속으로 뛰어들게 되고, 대개는 그 안에서 살아가는 세월이 그 이전의 시간보다 더 길다.

결혼정보회사에서 발표한 미혼 남녀가 선택한 배우자 조건 1순위에서 남성은 여성의 외모와 성격을 가장 중요시하고 여성은 남성의 경제력과 성격을 중요한 조건이라고 하였다. 성격으로는 상대방에 대한 배려와 이해를 중요하게 생각하였다.

자녀의 나이가 어릴 경우 결혼에 대해 생각하는 것이 빠를 수 있지만, 배우자 조건과 같은 것을 먼저 생각해 보는 것은 좀 더 빨리 자기경영 마인드를 가질 수 있도록 한다. 즉, '내가 커서 어떤 성격을 가지고 어떤 경제력을 가졌을 때 어떤 배우자를 만날 수 있겠구나'라고 객관적으로 자신을 바라볼 수 있게 되는 것이다. 물론 소위 객관적인 상대의 능력 혹은 경력이 사랑이나 결혼의 충분조건인 것은 아니다. 그러나 내가 지금 막연하게나마 미래 내 동반자의 모습을 그려보는 것처럼 다른 누군가도 그렇게 이상형에 대한 꿈을 꾸고 있으리라는 점은 충분히 예상할 수 있고, 내가 그러한 이상형에 가까운 사람이 되어갈수록 언젠가 찾아올 사랑을 얻는 데 도움이 되지 않겠는가?

배우자를 찾는데 있어 다음 질문은 많은 도움을 줄 것이다.

- 나는 배우자의 어떤 외모 스타일을 원하는가?
- 나는 배우자의 조건으로 무엇을 가장 중요하게 여기는가?
- 나는 배우자의 경제력을 어느 정도에서 만족할 것인가?
- 내 배우자는 나의 경제력을 어느 정도에서 만족할 것인가?

- 나는 배우자의 성격으로 가장 중요하게 여기는 것은 무엇인가?
- 나는 행복한 가정을 이루기 위해 어떤 성격을 보강할 것인가?

3) 재산 목표설정

즐거운 마음, 긍정적인 마음으로 작업을 수행한다면 질 높은 결과를 얻게 되어 사회적 명예의 획득은 물론 물질적 보상도 커질 것이다. 꿈을 좇는다고 해서 반드시 물질적으로 부유해지는 것은 아니다. 당장의 금전적인 어려움 혹은 앞으로 닥칠 어려움을 미리 예상하여 꿈을 포기하는 사람들이 있다. 그러나 반대로 열정적으로 꿈을 향해 달린 결과 자연스럽게 경제적인 성공을 이룬 사람들도 많다. 돈을 많이 벌기 위해 꿈을 버리고 살아 온 사람들보다 더 큰 부를 거머쥐기도 한다.

성공했다는 사람들의 유년 시절은 부유하기는커녕 너무나 가난해서 몹시 어려운 생활을 했던 사람들을 종종 보게 된다. 그러한 상황에서 어떻게 그들은 목표를 향해 절망하지 않고 꿈을 향해 나아갈 수 있었을까? 그들이 경제적인 성공을 했다고 해서 그들의 인생 목표가 결코 '돈' 은 아니었을 것이다. 보다 원대한 포부를 가지고 인생을 성실히 살았을 때 경제적인 성공도 함께 이루어졌을 것이다. 그러므로 청소년들은 우선 하고 싶은 일을 찾고, 내가 할 수 있는 일이 무엇인지 분석한 뒤 그것을 통해 인생의 큰 포부를 세우고 그 일을 통해 물질적인 풍요도 함께 누릴 수 있는 방법을 모색하는 것이 순서이다.

인생의 단계별로 재산을 어떻게 형성할 것인가를 찾는데 있어 다음 질문은 많은 도움을 줄 것이다.

- 나는 세계 각 나라를 여행할 정도로 여유를 가지기를 원하는가?
- 나는 30대의 수입이 얼마이기를 원하는가?
- 나는 목돈을 마련하기 위해 어떻게 할 것인가?
- 나는 작은 돈의 가치를 알고 있는가?
- 내가 모은 돈을 어디에 사용할 것인가?
- 나는 재산이 얼마이기를 원하며, 그것을 위해 어떻게 할 것인가?
- 나는 노후를 어떻게 보내기를 원하며, 그것을 위해 무엇을 할 것인가?

4) 봉사 목표설정

봉사가 인생의 궁극적인 목표가 될 수 있음을 생각해 보았는가? 인생의 가치는 사랑을 주고 받는 것에 있는데, 봉사는 이러한 가치를 가장 잘 반영한다.

봉사는 자신이 가진 것을 이웃을 위해 나누어 주고 섬기는 것이다. 물질적으로 가진 게 없는 사람도 봉사는 할 수 있다. 왜냐하면 사람에겐 누구나 사랑이 있기 때문이다. 반면에 사랑과 배려 없이 베푸는 것은 진정한 봉사라고 할 수 없으며 다른 보상을 바라기 때문에 순수하지 못하다. 학생들은 의무사항으로 주어진 봉사활동 시간을 채우기 위해 마지못해 동네 행정기관이나 봉사센터 등에 봉사활동을 나가는 경우가 태반이다. 최대한 편하고 깨끗한 곳에서 형식적인 '의무 봉사'를 하고 싶어서 정말 일손이 필요한 장애인시설이나 복지시설 등은 기피하고, 그것도 모자라 봉사시간을 부풀려 기재하기도 한다. 그들에게 있어 봉사는 선택이 아닌 강요이며 의무이기 때문이다. 이것은 성적을 얻기 위한, 봉사라는 이름의 행위이지 진정한 의미의 봉사라고 할 수는 없다.

교육의 목표는 여러 가지가 있지만 그 중 하나로 이 사회와 인류를 위해 헌신할 인재의 양성을 들 수 있다. 배움의 목표는 비단 자기 자신의 영화를 누리는 데만 있는 것이 아니라 타인을 위하여 무엇인가를 하고자 하는 '헌신'에도 있다. 삶의 진정한 행복은 봉사를 통한 나눔으로부터 오기도 한다.

봉사가 강요이며 의무가 되어버린 이유는 교육정책상 봉사활동을 의무로 내세우기만 했을 뿐 봉사에 대한 적절한 교육이나 체험의 기회를 부여하지 않았기 때문이다. 봉사활동이 삶의 현장에서 생활화되지 못한 우리나라 사회풍토도 우리 자녀들, 즉 청소년들에게 산 교육을 제공하지 못한 이유가 되기도 한다. 그러나 점차 우리 주변에 봉사의 기쁨을 알고 그것을 누리는 사람들이 늘어나고 있는 것은 그나마 다행한 일이다.

처음엔 봉사가 꺼려지고 그것으로부터 어떤 즐거움이나 기쁨도 찾을 수 없다는 생각이 들지라도 일단 직접 봉사를 실천하는 경험을 해보면 그것은 삶의 기쁨이 될 수도 있고, 인생의 목표를 설정함에 있어 충분히 고려 대상이 될 수도 있을 것이다.

다음 질문을 통하여 봉사에 대해 다시 생각해 보자.

- 내가 원하는 봉사는 어떤 것인가?
- 내가 가지고 있는 것으로 봉사할 수 있는 것은 무엇이 있나?

- 내가 꾸준히 봉사할 수 있는 것에는 어떤 것이 있는가?
- 나의 경력에 도움이 될 봉사에는 어떤 것이 있나?
- 내가 국제봉사단체에서 활동할 수 있는 것에는 어떤 것이 있는가?

5) 종교 목표설정

종교적 믿음은 사람을 강하게 한다. 자신이 가지고 있는 능력 이상을 발휘하도록 만든다. 자신이 처한 환경을 극복할 자신감도 불어 넣고 삶의 가치를 사랑에 두고 실천하도록 한다.

인간이 신을 사랑하면 그 사랑이 자신에게 되돌아와 더 많은 축복을 경험하게 된다. 또한 다른 사람을 섬기고 배려하는 그 사랑의 수고는 그를 더욱 행복하게 만든다. 때로는 생명까지도 바치는 종교적 헌신에는 인간의 한계로는 규정지을 수 없는 절대가치가 있기 때문이다. 그 절대가치로 인해 사람은 자신의 한계를 넘어 신화를 창조하고 목표에 도달할 수 있는 힘을 얻게 되는 것이다.

청소년 시기에 이런 종교적 절대가치를 체험하고 그 힘으로 인생을 설계할 수 있다면 이는 무엇보다도 강한 자기 내면의 힘을 얻을 수 있을 것이다.

다음 질문을 통하여 종교에 대해 다시 생각해 보자.

- 나의 생명을 바쳐 집중할 무엇이 있는가?

- 나는 어떤 가치에 나의 생명을 바칠 것인가?

- 지혜란 무엇인가?

- 세상을 올바로 사는 지혜는 무엇인가?

- 세상에 선과 악이 공존하고 있는데 그 이유는 무엇 때문일까?

위의 다섯 가지 항목의 목표설정에 답변을 하기 위해 생각하고 조사하다 보면, 자신이 원하는 것을 구체적으로 그리게 될 것이고 미래의 자신의 모습을 형상화할 수 있게 될 것이다. 자신의 모습이 마음의 눈으로 확실히 그릴 수 있는 시점이 온다면 이 시점은 그에게 전환점이 될 것이다. 새로운 안목으로 세상을 바라볼 것이다. 그리고 자신의 꿈을 이루기 위해 몰입이 시작될 것이다.

(　　　　) 의 가치 설정

구 분		내 용
직 업		
배우자	경제력 (직업)	
	경제력 (연봉)	
	외모 스타일	
	성 격	
재 산	30 대	
	40 대	
	50 대	
	60 대	
	70 대	
봉사활동		
종교활동		

(출처 : 자기경영학습연구소, http://edu1388.co.kr)

2. 중장기 목표설정

하버드대 MBA과정에 재학중인 학생들을 대상으로 목표설정에 대한 연구가 진행되었던 적이 있다. 당시 MBA 과정의 전체 재학생 중 16%의 학생들에게만 뚜렷한 목표가 있었다. 13%의 학생들은 단지 목표만 가지고 있었을 뿐이었고 오직 3%의 학생들만이 그 목표를 달성하기 위한 구체적인 계획까지 세워놓고 있었다.

이들의 졸업 후 평균 수입을 조사해보니 목표와 그것을 달성하기 위한 세부적인 계획을 가지고 있던 3%는 나머지 97%의 평균 수입보다 10배가 더 많았다. 목표만 있었던 13%의 경우는 나머지보다 2배 많은 수입을 올리고 있었다. 목표도 실행계획도 없이 학창시절을 보낸 사람들과 뚜렷한 목표와 실천

계획을 가지고 학교를 다닌 사람들의 차이는 무엇일까?

이들은 분명 같은 강의실에 앉아 있었음에도 불구하고 졸업 후의 상황은 서로 달라져 버렸다. 그리고 그렇게 다른 상황 속에서 살아가게 된 이유는 이들에게 구체적인 목표의식과 실천계획이 있었는가, 그렇지 못했는가에 있는 것이다. 한 가지 특히 주목해야 할 점은 비록 목표설정이 되어 있는 상태일지라도 그것을 향한 실천계획이 없는 사람들과 계획을 이미 준비해 놓은 사람들 사이에서도 차이가 발생했다는 대목이다.

인생의 목표는 대개 거시적인 안목에서 정해지기 때문에 당장은 그 곳으로 가는 길이 명확하게 잘 보이지 않을 수 있다. 그러므로 쉽게 포기하지 않기 위해서는 중장기, 단기적 목표를 세워 실행함으로써 궁극적인 목표를 놓치지 않도록 지속적인 노력을 기울여야 한다.

예를 들어 미래에 우주인이 되고자 하는 목표를 세웠다고 하자. 한국인 최초로 우주선을 탄 이소연씨를 역할모델로 삼아 그처럼 되는 것을 지향한다고 했을 때 그럼 나는 당장 그것을 위해 무얼 해야 할까?

우주인이 되기 위해서는 우선 건강해야 하고 우주에 관한 전문지식도 필요할 것이다.

우주에 관한 지식은 어떻게 얻을 수 있는가? 그러한 지식을 전수 받을 수 있는 곳으로 가야 할 것이고, 이를 위해 대학에서 물리학과나 천문학과에 진학하는 것이 기본일 것이다. 양질의 교육을 받고 보다 많은 기회를 접하기 위해서는 그 분야에 명성이 높은 학교로 가는 것이 유리하다. 틈나는 대로 과학 관련 서적을 읽으며 과학 지식을 쌓는데도 노력을 게을리 하지 않아야 할 것이다.

일단 대학 진학을 목표로 정했다면 그 목표를 달성하기 위해 보다 세부적인 목표를 설정하고 실천 계획을 세워야 한다. 즉, 목표 대학의 입시전형을 분석하여 어디에 중점을 둘 것인지 정하고 그것에 맞추어 과목별 학습전략과 학습시간 배분을 해 나가는 것이다. 학교 내신을 잘 받기 위해 내신 시험 준비에 큰 비중을 두어 공부를 한다든지, 논술 비중이 큰 학교이니까 글쓰기 능력 함양을 위해 따로 시간을 내어 공부하겠다든지 하는 구체적인 계획을 세우는 것이 좋다. 이런 식으로 기간 내 목표를 설정하고 그 기간을 점점 짧게 잡음으로써 지금 내가 당장 무엇을 해야 하는지에 대한 윤곽이 점차 뚜렷해질 수 있다.

중장기 목표 설정을 위해 고려해야 하는 원칙들은 다음과
같다.

① 자신이 추구하는 삶의 의미에 부합하며 능력과 적성을
고려하여 능력에 합당한 목표를 세워야 한다.

② 애매하거나 성장과 도전이 전제되지 않은 목표는 성취욕
구를 약화시킨다. 따라서 구체적이고 실질적인 방식으로
달성될 수 있는 목표를 설정해야 한다.

③ 세분화되고 단계화된 목표를 설정한다. 학생의 경우, 3
년 단위에서 고등학교, 대학교, 대학원, 유학 등으로 구
분하여 목표를 설정하고 1년 단위에서는 각 학년별로 구
분한다. 또한 각 학년은 1학기, 2학기의 중간고사, 기말
고사 등으로 세분화하여 설정한다.

1) 3년 단위 목표설정

3년 단위 목표설정은 고등학교, 대학교, 대학원, 유학 등으
로 구분하여 목표를 설정한다.

자신이 가고 싶은 고등학교, 대학교, 대학원, 그리고 유학할
학교명을 설정하는데 주변의 지인과 인터넷 조사를 통해서 직
접 확인하며 입력할 수 있도록 한다.

구 분	내 용		
중학교			
고등학교			
대학교		대학교	전공
대학원		대학교	전공
유학		대학교	전공

2) 1년 단위 목표설정

1년 단위 목표설정은 각 학년별로 1학기, 2학기의 중간고사, 기말고사 등으로 세분화하여 목표를 설정한다. 모든 학년을 설정할 필요는 없다. 단지 목표를 세우고자 하는 연도만 구체적으로 세우면 된다.

구체적으로 각 과목별 목표 점수와 전체 등수를 설정한다

과목	목표 점수				목표 석차	취득 석차
	1학기 중간	1학기 기말	2학기 중간	2학기 기말	(전교 등수)	(전교 등수)
영어						
수학						
국어						
과학						
사회						

3. 단기 목표설정

단기 목표설정을 위해 기본이 되는 주간계획서를 '전자플래너'를 통해 작성하고 기간을 설정하면 그 기간 동안의 일, 주, 월의 목표가 자동 계산되어 표시된다.

즉 학습은 1주일 단위로 반복되기 때문에 겨울방학, 1학기 중간시험 전, 1학기 중간시험, 1학기 기말시험 전, 1학기 기말시험, 여름방학, 2학기 중간시험 전, 2학기 중간시험, 2학기 기말시험 전, 그리고 2학기 기말시험 기간 등으로 세분화할 수 있다. 이 기간 동안의 최대 10개의 기본 주간계획서를 만들면 1년의 기간 동안 일, 주, 월 단위의 목표가 설정된다.

주간계획서의 일반적인 작성방법은 다음과 같다.

• 학습계획은 시간과 학습분량 단위로 세운다.

- 중요한 과목부터 계획에 반영하자.

- 잠은 충분히 자되 자투리 시간을 철저히 활용하도록 계획을 세우자.

- 공부만으로 계획을 세우면 오히려 성적이 오르지 않는다. 초등학생은 하루 3~4시간, 중고등학생은 하루 1~2시간 정도의 독서를 통해 두뇌를 균형 있게 발달시키자.

- 영어와 수학은 시간을 많이 투자할수록 성적이 향상되지만 국어, 사회, 그리고 과학은 주당 2~4시간 투자하는 것이 가장 효율적이다.

- 주말을 활용하여 미진한 부분을 보충하도록 한다

- 가족과의 대화시간을 확보하고 취미시간을 주말에 반영하자.

- 신체 및 정신의 건강을 위해 2일 마다 30분~1시간 정도의 운동시간을 마련하자.

- 플래너를 사용하는 초기에는 하루의 학습시간 중 80% 수준으로 계획을 세워서 실행하지 못해 포기하는 경우를 줄이자.

- 매일매일 정해진 시간에 평가와 계획을 점검하는 습관을 들인다.

　'전자플래너'는 이미 성공한 선배들의 잘 짜인 계획을 제공하므로 이 정보를 이용하여 내 상황에 맞게 바꾸어 쉽게 따라 할 수 있다. 그리고 자신이 작성한 주간계획서를 인쇄하여 가지고 다니면서 목표를 매일 확인하면서 공부할 수 있다.

과 목	목표시간 / 분량						성취율	
	일시간	주시간	월시간	1일 분량	1주 분량	월분량	시간	분량
영 어								
수 학								
국 어								
과 학								
사 회								

(　　　　　)의 사명 선언서

(언제)
(어디서)
(무엇을 위해)
(어떻게 하겠다)

(출처 : 자기경영학습연구소, http://edu1388.co.kr)

II

실행

인생에서의 행복과 성공은 환경에 달린 것이 아니라
우리 자신에게 달려 있다. 실패의 가장 큰 원인은
늑장을 부리거나 시간을 지키지 못한 것 때문에 온다.

존 러벅

무엇이 사람을 행동하게 만들까?

미국 심리학자 매슬로는 인간의 욕구를 5단계로 나누었는데, 그 중에 가장 중요한 욕구를 자아실현의 욕구라고 했다. 자아실현의 욕구는 자기의 가치를 높이는 방향으로 행동하게 한다. 그런데 문제는 자녀가 이러한 자아실현의 욕구가 무엇인지, 이를 어떻게 충족시킬 것인지 잘 모르면서 성장하는데 있다.

학습을 통해 자아실현을 해야 할 시기에 있는 많은 우리의 자녀들이 공부를 잘해보려고 노력하지만 학습전략을 잘 몰라 투자한 시간에 비해 능률이 오르지 않게 된다. 그러다 보니 자신도 모르게 학습에 흥미를 잃어 버린다. 흥미를 잃게 되는 원인은 학습을 통해 자아실현을 할 수 없기 때문이다. 이러한 상태를 장기간 방치해 두면 재능이 있는 다른 분야에 대해서까지 흥미가 없어져 수동적이고 부정적인 가치관을 갖게 된다.

앞 장에서 SWOT을 통해 우선 실행할 전략을 선택하였고, 자신의 학습유형을 파악하였고, 그리고 자신이 원하는 목표를 설정하였다. 이것을 구체적으로 학습에 연결시켜 성과를 내도록 하는 것이 여기에서 다룰 내용이다.

하루빨리 학습전략을 세우고 플래너 활용을 익혀 실행력을 키워 나간다면 학습력은 증대되고 학생들은 자신감 있고 창의적인 인재로 커 갈 것이다.

03

행복프로젝트 3단계 – 학습전략 세우기

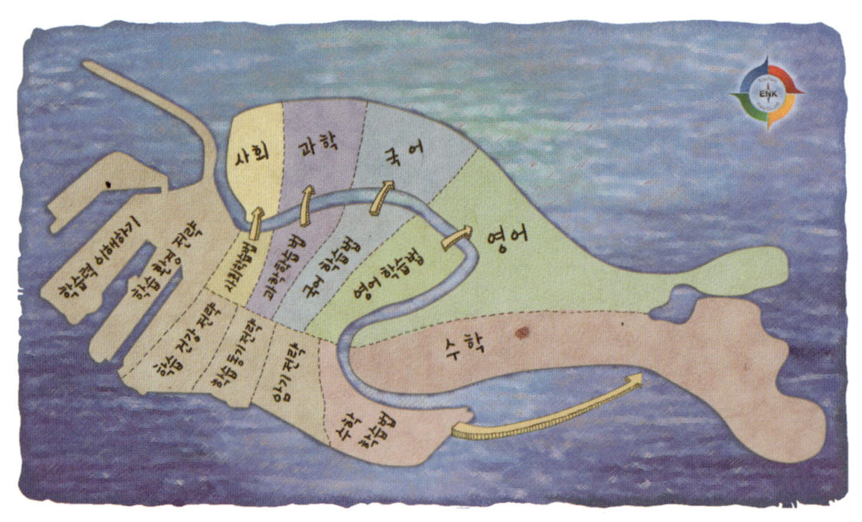

한창 때는 다시 오지 않고, 하루가 지나면 그 새벽은 다시 오지 않는다.

때가 되면 마땅히 스스로 공부에 힘써야 하며 세월은 사람을

기다리지 않는다.

도연명

학습전략을 잘 세우기 위해서 먼저 학습력을 이루는 요소에 대해 알아보자. 학습력은 개인 가치 인식, 동기, 사고력, 이해력, 집중력, 기억력, 학습환경, 그리고 학습건강 등의 여덟 가지 요소로 구성된다.

① 개인 가치 인식

학습을 하는 데 있어서 가장 큰 원동력은 무엇일까? 학습의 의미를 학교에서 시험을 잘 보고 좋은 성적을 거두는 것에 국한하는 것은 곤란하다. 보다 나은 미래를 준비하는 지식의 확대 및 궁극적 삶의 목표에 한걸음씩 접근하려는 지적 노력을 학습이라고 말할 수 있겠다. 학습을 평생에 걸쳐 지속시키기 위해선 상당히 강력한 원동력, 즉 유인이 필요한데, 그 시작은 바로 자신의 가치를 스스로가 인식하는 데서 온다.

개인 가치 인식은 스스로 긍정적인 자아개념을 확립했을 때 얻을 수 있다. 긍정적인 자아개념 형성에 가장 결정적인 역할을 하는 사람은 역시 자녀와 가장 오랜 기간 동안 근접한 거리에서 뒷받침하는 부모라고 할 수 있다.

훌륭한 부모는 자녀들로 하여금 언제 어느 순간에도 부모의 사랑을 받고 있다는 확신을 준다. 특히 자녀들이 실수했거나 절망의 순간에 있을 때 부모의 사랑은 더욱 빛을 발할 수 있다. 실수는 단지 실수일 뿐이지 영원한 실패는 아니다. 따라서 실수의 순간에 부모가 자녀들을 따듯이 감싸 안아줄 수 있다면 실수가 오히려 격려가 되고 힘이 되어 자녀들이 같은 실수를 되풀이 하지 않을 것이다.

가치를 인식함에 있어서 또 하나 중요한 점은 남과 다른 가치를 발견해야 한다는 것이다. 이스라엘 부모들의 자녀교육에서는 남들보다 잘 하라는 능력의 우수성을 강조하지 않는다. 다만 남들과 어떻게 다른가 하는 차이를 발견하도록 유도한다. 모든 사람의 유전자는 각각 다르기 때문에 누구나 다른 점이 있게 마련이다. 자기 유전자의 특성을 발견하고 그 다른 점을 더욱 강조하고 심화하다 보면 그것 자체가 경쟁력이 되고 가치획득에 성공하게 된다. 그러므로 사회에서 남들보다 잘 사는 것만이 미덕이 아니라 자신만의 특성을 활용하여 남들과 더불어 잘 살아감으로써 사회 공동체에 기여하는 것에 큰 가치를 둔다.

'이건 실수일 뿐이야. 넌 잘 할 수 있어.' 라고 말하는 부모가 되자.

부모의 사랑에 대한 자녀들의 굳건한 믿음은 긍정적인 자아와 자신감 있는 성격을 형성해 줄 것이다.

② 동기

자기경영학습은 스스로 동기를 부여해서 즐거운 마음으로 학습도구들을 갖추고 책상 앞에 앉도록 해 주는 것이다. 학습에 이르기까지 학생은 어떤 자극을 받든 스스로 동기화 되는 과정을 거치게 된다. 단순히 칭찬이나 선물을 받거나 짝꿍보다 좋은 성적을 받겠다는 동기도 충분히 유효하나, 자기경영 능력을 중시하는 상황 속에서는 자신 스스로가 자신의 인생을 조율하여 근본적인 동인(driver)을 발견함으로써 동기화되는 것이 중요하다. 학습중인 자녀에게 간식을 들고 다가가 자녀가 지금 무슨 목표로 어떤 공부를 하고 있는지 물어보면 자녀의 자기경영 마인드를 어느 정도 감지할 수 있을 것이다. 제일 바람직한 대답은 "제 꿈은 이것인데, 이것을 이루려면 당연히 이 정도는 공부해야지요. 목표가 있으니까요." 일 것이다.

③ 사고력

사고력은 어떤 상황에 대해 생각하고 고찰하는 능력이다. 사고력은 인과관계 추론, 최대한 합리적인 해법 찾기 등에서 필요로 한다. 인과관계 추론은 '사회' 교과목에서 가장 요구된다. 사회현상은 항상 합리적인 인과관계를 내포하고 있기 때문이다. 최대한 합리적인 해결책을 찾는 능력은 '수학' 교과목과 관련이 깊다. '수학' 문제를 풀 때에 문제를 잘 보고 적당한 해법을 생각해 내는 것이 문제 풀이의 기본이기 때문이다. 사고력을 갖추고 있으면 창조적인 해법의 창시도 얼마든지 가능하다. 더불어 언어나 과학 분야에서도 사고력은 기본적인 두뇌활동이다.

④ 이해력

이해력은 기본적인 이치를 풀어낼 수 있는 능력이다. 어떤 개념이나 공식이 주어졌을 때 자기 안에 있는 기본적인 상식과 지식을 통해 새로운 것을 통달하여 자기 것으로 만드는 능력이 바로 이해력이다. 이해력을 요구하는 과목에는 국어 및 영어 문법, 수학, 과학, 경제 등이 있다.

⑤ 집중력

집중력이란 어떤 과제를 수행할 때 다른 생각은 거의 하지 않고 주어진 과업에 최대한 몰입하여 단기간에 최대의 효과를 누리는 능력이다. 자신이 왜 이 내용을 공부해야 하는지 뚜렷한 인식이 있을수록 집중이 잘 된다. 그러므로 개념 이해력을 통해 학습의 큰 구도를 파악하고 집중하여 주어진 부분들에 몰입하는 것이 중요하다.

⑥ 기억력

모든 학습의 기본은 집중해서 사고하고 이해한 내용을 요령 있게 잘 기억하는 것이다. 하지만 기억이라는 것은 성실하게 복습을 하는 과정을 통해서 다소 힘들게 이루어진다는 것을 알고 인정해야 한다. 그래야 기억을 위한 학습에서 포기하지 않고 끈기를 발휘할 수 있다.

⑦ 학습환경

좋은 학습환경은 비단 몸을 편안하게 해줄 뿐 아니라 심리적인 안정감을 주어 사고작용에도 긍정적인 영향을 준다. 또한 집중하기 쉽게 하며 집중을 오랫동안 유지하게 하여 학습

효과를 상승시킨다.

⑧ 학습건강

학습에 있어 건강은 출발점이다. 학습건강이란 학습활동을 함에 있어 집중력을 유지하고 끈기를 가질 수 있도록 정신과 몸을 관리하는 것을 의미한다.

규칙적으로 운동함으로써 체력을 향상시킬 수 있는데, 체력이란 지구력을 뜻한다. 지구력은 집중력을 유지하는 데 큰 역할을 한다. 50분 학습 후 10분간 스트레칭을 하거나 신선한 공기를 쐬며 기분전환을 위한 간단한 운동을 하는 것이 필요하다. 규칙적인 운동을 함으로써 신체의 긴장상태를 조절한다면 집중력을 유지하여 효과적인 학습 태도를 습관화시킬 수 있을 것이다.

1. 학습동기전략

학습동기를 불러일으키는 방법은 구체적으로 무엇일까? 모든 부모가 열심히 공부하는 자식을 만드는데 다 성공하는 것은 아니다. 성공하지 못하는 이유는 아마도 아이에게 적절한 방법으로 학습동기를 부여해주지 못했기 때문일 것이다. 아이들에게 학습동기를 부여하는 유용한 전략 몇 가지를 소개하겠다.

첫째, 아이가 부모와 선생님으로부터 신뢰를 받고 있다고 끊임없이 느끼게 해주어라.

타인의 관심이나 기대가 성취도에 미치는 영향은 굉장히 크다. 선생님 혹은 부모가 아이에게 관심을 가지고 "우리는 네가 잘 할 수 있다고 믿고, 또 그렇게 기대한단다." 라는 애정 어린 말을 자주 건넨다면 그 아이는 그러한 기대에 부응하여 기꺼이 공부해 보고자 용기를 가질 것이다.

둘째, 구체적인 목표를 설정하라.

목표의 설정은 구체적이고 세밀하게 하자. 구체적인 실행 목표가 있어야 동기를 지속적으로 유지시킨다. 자녀가 자라서 어떤 일을 하는 사람이 되고 싶은지 구체적인 미래상을 그려보게 한다. 그것이 너무 허황된 목표는 아닌지, 인생의 목표라고 하기 어려울 만큼 지엽적인 것은 아닌지 검토해보자. 목표는 반드시 성취 가능한 것이어야 하고, 그 목표를 달성하기 위한 구체적인 실행방법을 계획할 수 있어야 한다. 일단 목표를 제대로 세우고 나면 반드시 그것을 이루기 위한 세부적인 실행계획을 세운다. 이 때 플래너 등을 이용하여 계획을 짜면 도움이 된다.

셋째, 실패를 통해서 더욱 용기를 얻도록 자신에게 위로하고 도약하자.

실패요인이 무엇이었는지 분석하는 습관을 가진다면 실패의 자리에 주저앉는 낙오자가 되지 않을 것이다. 왜 실패하게 됐는지, 더 나은 방법은 없었는지, 더 노력할 부분은 없었는지 분석 평가하는 시간을 가지는 청소년이라면 늘 성공가도만 달리며 좌절을 모르는 한쪽만의 승리자보다 훨씬 나은 삶을 살수 있을 것이다. 인생에서 항상 승리만 할 수는 없다. 실패 앞에서 겸허하게 자신을 뒤돌아 볼 줄 안다면 깊은 인생의 깨달음으로 웃는 날이 있을 것이다.

넷째, 구체적인 자기평가를 하라.

어떤 일이든지 실행을 하고 난 뒤엔 반드시 자기평가의 시간을 갖도록 한다. 평가를 할 때에는 최대한 객관적이고 구체적으로 하는 것이 좋다. 평가의 목적은 능력치의 측정에 있는 것이 아니라 다음 번의 실행에서 더 나은 결과를 얻기 위해 실행에 영향을 미치는 역동요인들을 제어할 영감을 얻는 데 있다.

다섯째, 학습을 실생활과 연결시켜 보려는 시도를 부단히 하라.

노래방에 가고 싶을 때 참고 역사 박물관에 견학을 가거나 단순히 즐길 거리를 찾아 마음에 드는 여행계획을 짜기 보다 서해안 일대를 탐험해 가는 캠프에 참여해보자. 단순히 소비 향락적인 오락으로 스트레스를 풀거나 여가를 보내지 말고 삶의 긴장을 풀고 재충전을 얻을 만한 학습 패턴을 구상하고 실천해 보는 것이다. 필자는 초등학교 때 수학 교과서에서 정육면체 전개도를 본 뒤에 약간 빳빳한 종이를 사서 서로 다른 크기의 큐브들을 잔뜩 만들어 놓고 흐뭇해 한 적이 있었다. 이처럼 배운 것을 활용해 실생활에서 작은 기쁨을 느껴보는 일도 공부해 보려는 동기를 제공한다.

여섯째, 귀감이 되는 사람의 행동과 습관을 따라 하도록 하라.

앞 내용의 권유대로 실천하여 학습동기가 충분히 부여되었다고 할지라도 구체적인 학습방법도 모르고 생활계획 짜기도 쉽지 않아서 답답할 수가 있다. 그럴 때엔 귀감이 되는 인물의 특징을 포착하여 영감을 얻고 자신의 생활계획 짜기에 응용하라. 예를 들어 철학자 칸트의 별명 '걸어 다니는 시계'는 우리에게 깊은 영감을 준다. 몸이 약했던 칸트는 그러한 조건 아래에서 자신이 최대한의 성과를 올릴 수 있도록 일정한 시간에 일정한 일을 함으로써 위대한 철학을 성립시키고 저술활동을 할 수 있었다. 비록 칸트는 자신이 사는 동네 밖으로 나가 본 적도 없는 약골이었지만 매일매일 일정한 시간에 일정한 일을 하는 체계와 습관을 형성함으로써 대단한 업적을 이뤘음을 알 수 있다.

최근 기업에서도 구성원들에게 회사 내외부의 인물을 모델로 삼고 그 인물의 행동과 사고방식을 조사하며 닮아 보려는 소위 '개인 벤치마킹' 을 경영혁신 운동으로 전개하기도 한다. 이러한 개인 벤치마킹은 학습활동에서도 매우 유용하다.

공부의 귀감이 되는 사람들의 자서전을 읽는 것도 큰 동력을 낳는다. 부지런한 한국인들 중 뛰어난 몇몇은 자신만의 비결과 공부방법으로 해외 대학 입학허가권을 따고 유학을 가는 등 소기의 목적을 이루었다. 학습법을 자세히 가르쳐주고 실제로 그러한 것을 실천했을 때 어떻게 느끼게 되고 어떤 성과를 올렸는지에 대해 읽기 쉬운 자전적 에세이 형식으로 저술한 책들은 우리 학생들에게 강한 동기부여를 해주고 필요한 정보를 제공할 수 있을 것이다.

일곱째, 목표를 달성했을 때의 만족감을 상상하고 그 즐거움을 느껴라.

때때로 삶의 목표가 너무 멀게만 느껴져 지칠 수도 있을 것이다. 그럴 땐 목표를 달성했을 때의 나의 모습을 상상하며 이겨내도록 하자. 목표를 위한 모든 과정이 즐겁기만 한 것은 당연히 아니다. 그러나 종종 우리는 목표를 위해 조금 불편하고 지루한 시간들을 견뎌내야 한다. 목표달성이라는 가슴 벅찬 열매가 우리를 기다리고 있기 때문이다. 그리고 그것을 향한 우리의 강한 열망과 의지가 지루함과 불편함을 이겨내는 힘이 되어주기 때문이다.

학습력	자유분방 나비 학습형	춤추는 돌고래 학습형	고집 센 원숭이 학습형	성실한 꿀벌 학습형
상	새로운 체험 학습으로 지속적 동기 유지	꾸준함을 잃지 않도록 노력	꾸준한 목표 상기	성공한 사람과의 직접적인 만남의 기회 제공
중	작은 일에서 성공 경험 쌓기	목표달성방법, 학습법의 적절성 검토	가치지향적 목표 설정	잘하는 과목에서 얻은 성취욕구를 약한 과목으로 확장
하	자기분석을 통한 자신의 목표 찾기	그 동안의 나에 대해 되돌아 보기	지나치게 단기적 성과에 집착하지 않기	자신을 성공으로 이끄는 효과적 학습법을 찾고 목표 등수 설정

앞의 표 내용을 토대로 진정한 학습을 위한 선결과제로서 적절한 동기부여를 할 수 있도록 노력하자.

자유분방 나비 학습형이 동기부여가 가장 어려운 유형 중 하나이다. 왜냐하면 이들은 목표의 달성을 위해 과정상의 작은 오점 하나도 용납하지 못하는 성격을 갖고 있기 때문이다. 또한 목표에 부여하는 가치가 너무 높아서 현실적인 문제에 크게 좌우되지 않기 때문이기도 하다. 당장 남들에게 보여지는 소기의 성과를 올리기 위해 자신의 목표를 이루는 방법을 변경하고자 하지도 않는다.

*** 자녀를 위한 코치미 - 정현의 이야기 ***

정현이는 자존심이 강하고 지는 것을 싫어해서 늘 학교 친구들과 성적 경쟁을 해왔어. 시험기간에는 밤을 새우며 공부를 해서라도 반드시 이기고 말겠다는 의지가 있었지. 그렇지만 이런 성격에도 불구하고 정현이의 학습은 규칙적이지도 계획적이지도 않았단다. 시험기간에 밤샘 벼락치기를 하기 일쑤였지.

그런데 학년이 올라가면서 점점 벼락치기로는 성적이 잘 나오지 않는다는 사실을 정현이가 깨닫기 시작했어. 다만 친구들을 이기려는 마음에서 시험 때만 바짝 공부하는 정현이가 뚜렷한 목표를 가지고 꾸준히 매진하는 아이들을 따라잡기란 불가능 그 자체였지. 그러던 어느 날 반에서 1등을 하는 인석이라는 아이가 플래너에 계획을 꼼꼼히 짜 넣는 것을 보게 되었단다. 그럴싸해 보여서 정현이도 플래너를 사용해보기로 결심했어.

처음엔 하루에 주어진 시간을 공부하는 시간, 식사 시간, 쉬는 시간 등으로 쪼개서 계획을 써 넣었는데 이것이 플래너 작성의 전부가 아니었던 거야. 그냥 할 일을 쭉 쓴다고 되는 게 아니더라구. 정현이는 단지 하루의 계획을 세우기 위해서도 목표라는 것이 필요하다는 사실을 깨닫게 되었어. 일단 목표가 확실히 정해져 있어야 그 목표에 따라 세운 세부계획들 간의 우선 순위를 정하고 실천할 수가 있는 것이지.

정현이는 좀 더 근본적인 학습동기에 대해 생각하기 시

작했단다. 경쟁심만으로는 도달하기 어려운 한계가 있다는 것을 느끼고 한 걸음 앞으로 나아가기로 결심한 거지. 플래너를 쓰기에 앞서 정현이는 앞으로의 자신의 목표들을 고민해보고 그것들을 분명히 글로 적어보기로 했다고 해.

동기 전략	실천 항목	Y	N
1	공부(과목, 분야)를 간절히 원하는 이유를 만들었다.		
2	원하는 것을 목표로 구체적으로 설정했다.		
3	작은 성공을 반복하고 있다.		
4	플래너를 통해 구체적으로 자기평가를 하고 있다.		

자기 평가	실천 항목	답
1	실패했을 때의 상황을 가정하고 두려움 느끼기 (자신감 상실, 친구의 무시, 엄마의 잔소리에 의한 짜증, 외모와 연계되어 우울증 유발, 자살충동, 게임이나 약물 도피)	
2	성공했을 때 바라는 보상은? (내적 보상-자부심,성취감, 만족감 등 외적 보상-칭찬,선물, 용돈 등)	
3	미리 실패의 원인을 찾는다면? 1) 너무 어려운 과제 2) 시간의 부족 3) 자신의 능력 부족 4) 운의 부족 5) 자신의 노력 부족	
4	미리 성공의 원인을 찾는다면? 1) 쉬운 과제 2) 시간의 여유 3) 능력 충분 4) 운이 있었음 5) 성실한 노력	
5	미리 실패에 대한 대책을 만든다면? 1) 실패가 자신의 능력 부족이 아니라 노력의 부족임을 깨닫는다. 2) 난이도가 자신의 능력으로 할 수 있는 것보다 조금 어려운 것을 선택하여 작은 성공을 반복한다. 3) 목표를 재설정한다.	
6	미리 성공을 위한 자질을 갖춘다면? 1) 성공을 통한 보상 느끼기 2) 과제의 난이도 조정을 자신의 능력보다 조금 어려운 것으로 설정하는 기술	
7	선언 "나는 이 목표를 ○월 ○일까지 성취할 것이다!"	

(출처 : 자기경영학습연구소, http://edu1388.co.kr)

2. 학습기억전략

일반적인 지능과 집중력이 있는 학생이라면 기억 전략만 훌
륭히 세워도 학창시절의 학업성취에 큰 문제는 없을 것이다.

기억을 하는 전략은 저마다 다르다. 그렇더라도 기억력의
시간 축 증진에 관한 이론들이 있으므로 이 이론들에서 힌트

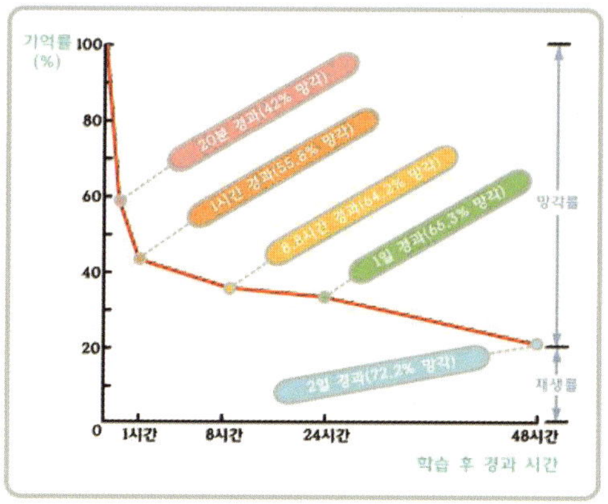

를 얻어 훌륭한 전략을 재수립하는 것이 중요하다. 망각곡선이라는 것을 들어본 적이 있는가? 이것은 19세기 독일의 심리학자 에빙하우스의 인간 기억에 관한 연구 결과가 집약된 그래프이다. 아래는 에빙하우스의 망각곡선을 시간 축 상에 나타낸 것이다.

망각곡선에서 학습을 통해 기억하게 된 내용들은 1시간 정도 지나면 절반 가량이 잊혀지는 것을 볼 수 있다. 이렇게 시간이 지남에 따라 외운 내용을 대부분 기억하지 못하고 잊어버리는 것이 사실이다. 이제 우리는 망각의 정도를 최소화하기 위해 어떤 전략을 수립할 수 있을까?

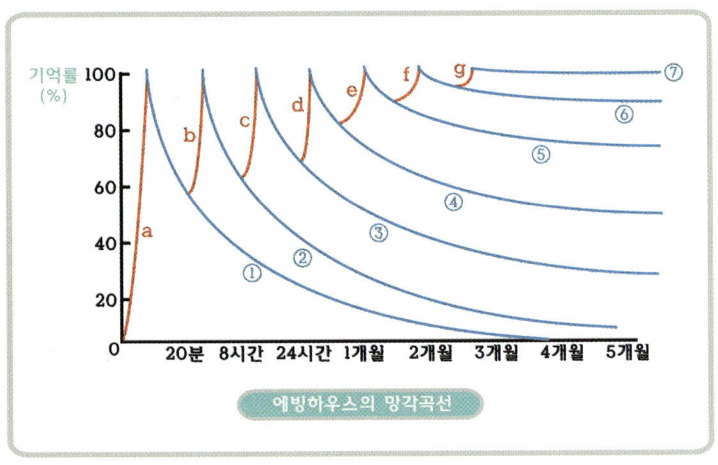

앞 그림에서 붉은 선은 학습을 통한 기억을 의미하고 파란 선은 시간의 흐름에 따른 망각의 궤적이다. 첫 학습 a를 통해 100%에서 시작했던 기억량은 시간이 지남에 따라 ①의 궤적을 따라 점차 줄어들고 있다. 그러나 b와 같이 망각 도중에 복습의 과정을 한 번 거치면 기억량을 다시 100%까지 끌어올릴 수 있고 곡선 ②를 보면 알 수 있듯이 2번째 망각곡선의 기울기는 처음에 비해 비교적 완만해진다. 이처럼 많은 내용을 망각하기 전에 복습을 통해 기억을 상기시켜주면 그 횟수를 거듭할수록 망각속도가 느려지는 것을 발견할 수 있다. c~g의 과정을 거침으로써 결국 기억은 시간 축에서 자유로워지고 영구한 지식으로 머리 속에 남게 된다.

여기에서 우리는 복습의 절대적 필요성을 절감하게 된다. 수업시간 또는 학습한 시간 이후 즉시 복습을 하고 하루가 지나기 전에 다시 복습을 하고 일주일이 지나기 전에 한 번 더 복습하는 것이 좋다. 그리고 시험 볼 때 다시 2~3회 복습하면 된다. 고승덕 변호사가 사법, 외무, 그리고 행정고시에 합격한 비결로 말한 것은 책을 7번 이상 반복하여 본 것이라고 했다. 5번을 보았을 때는 떨어졌다고 한다. 자신의 머리를 믿지 말고 반복학습하도록 플래닝을 잘 작성할 수 있게 지도하는 것이 중요하다.

이제 연상이라는 개념을 보자. 연상은 기억의 과정에 있어 상당히 중요한 영역을 차지한다. 아무 상관도 없어 보이는 것들을 정확하게 전부 기억하기란 매우 어렵다. 상관이 없다면 어떤 식으로든 연관성을 만들어서 기억하라. 연상작용을 원활히 하기 위해서는 이야기를 듣거나 이미지화 하는 것이 효과적이다.

학습력	자유분방 나비 학습형	춤추는 돌고래 학습형	고집 센 원숭이 학습형	성실한 꿀벌 학습형
상	세부 내용을 주요 내용과 연관시켜 기억하기	도식화된 내용에 세부 내용을 연결하여 암기	이해한 내용들을 자신만의 방식으로 노트에 정리	정확하게 암기할 수 있도록 노력
중	스토리를 만들어 반복학습	논리적 연결고리들을 통해 암기	편한 마음으로 내용을 반복하여 훑어보기	의식적으로 세부 사항들에 관심을 기울이고 반복학습을 통해 보다 많은 것을 암기
하	일단 교과 내용을 충분히 이해하고 연결시키기	교과서를 정독하여 구조를 파악하고 도식화 시키기	좋아하는 과목 이해 후 반복 읽기로 암기	전체흐름 파악한 후 중요한 것부터 반복학습으로 암기

기억에 관한 전략도 성격과 학습력 등에 따라 조금씩 다를 수 있는데, 이를 정리한 것이 바로 위의 표이다.

자유분방 나비 학습형의 아이들은 늘 우리가 떠올리는 방식으로 암기하지는 않는다. 열심히 공부하지 않고 설렁설렁 보는 것 같기도 하지만 그렇다고 해서 이들이 중요 내용을 암기하지 않고 대충 훑어보기만 하는 것은 아니다. 연상에 강해서 이야기가 있는 내용을 특히 잘 기억한다. 딱히 스토리가 없는 수학, 과학 등의 과목을 공부할 때에는 자신만의 이야기를 만들어서 그것과 연관시켜 외워보자. 외울 내용들의 머리글자를 따서 단어나 문장처럼 만들어보는 것도 좋다.

이 유형의 아이들이 주의해야 할 점은 다음과 같다. 이들은 스스로 자신의 기억력이 꽤 좋은 편이라 여기고 한두 번 본 내용을 대강 기억하기 때문에 세부적인 내용을 꼼꼼히 보지 못하는 경향이 있다. 한 번 보고 알겠다 싶으니 더 이상 반복해서 보지 않게 되고, 그래서 기억이 오래가지 못하거나 정확하지 못하게 되는 것이다. 꼼꼼히 읽는 게 체질에 맞지 않으면 통독을 여러 번 하고 중요한 부분은 정독하려는 노력이 필요하다.

춤추는 돌고래 학습형은 경험을 통한 감각적 판단보다는 직관에 더 능하다. 그래서 현실성이 다소 없어 보이는 것들도 스스로 생각하기에 그럴듯하다고 여겨지면 잘 기억하는 편이다. 또한 논리적 연결고리들을 가지고 조직적으로 내용을 배열한 뒤 외우면 효과가 크다. 예를 들어 역사 교과 내용을 암기해야 한다고 하면, 우선 줄글로 된 교과서를 정독하여 그것들을 이해하도록 노력하자. 대략적인 구조가 파악되고 내용이 이해가 된다면 그 내용들을 가지고 종이에 도식화를 시켜보자. 화살표나 각종 도형들을 이용하여 핵심 내용들만을 간추려 조직화시켜 보는 것이다. 여러 페이지에 걸쳐 기술되어 있는 내용들을 종이 한 장에 간략하게 표현해보는 작업은 돌고래형 아이들의 암기를 좀 더 용이하게 해 줄 것이다.

고집 센 원숭이 학습형도 나비형처럼 세부적인 부분을 정확하게 기억하지 못하는 경향을 가지고 있다. 이는 한 번 꼼꼼히 정독을 한 후 이해가 되었기 때문에 반복학습을 거부하는 점 때문이다. 이 점이 바로 원숭이형의 가장 큰 단점이 될 수 있다. 한 번에 꼼꼼하게 모든 것을 보려는 강박관념을 버리고 차라리 편한 마음으로 내용을 훑어보고 통독을 반복해 보면 어떨까? 교과서도 만화책 읽듯이 부담을 버리고 읽어나가는 것이다. 대신 한 번이 아니라 여러 번에 걸쳐서 읽는 것! 읽기만 할 것이 아니라 효율을 더 높이기 위해선 읽고 이해한 내용들을 자신만의 방식으로 요점을 노트에 정리해보는 것을 추천한다.

성실한 꿀벌 학습형은 기억에 있어서 나비형과 상당히 유사하다. 이들 역시 나비형과 마찬가지로 세부적인 내용을 잘 기억하지 못하는 경향을 띠는데, 그것은 이해하고 난 뒤의 추가적인 학습을 싫어하는 성격 때문이다. 따라서 의식적으로 세부 사항들에 관심을 기울이고 반복학습을 통해 보다 많은 것을 정확하게 기억할 수 있도록 노력할 필요가 있다. 그러나 반대로 종종 세부적인 내용만 기억할 뿐 전체적인 흐름을 놓치는 경우도 있는데, 이는 내용 암기에 너무 몰두한 나머지 오는 부작용이라고 볼 수 있다.

이렇게 꿀벌형은 숲을 보다가도 나무를 보고 나무를 보다가도 숲을 보는 기복이 심한 방법으로 공부하는 편이므로 자신의 생각의 흐름을 통제하여 숲을 볼 때에는 도식을 그려나가고 나무를 볼 때에는 도식의 내용을 채워 넣는 방식으로 공부를 전개해 나가야 한다

다음 예화를 통해 공부하는 아이들의 기억 문제를 공감하고 해결책을 알아보도록 하자.

*** 자녀를 위한 코치미 - 정현의 이야기 ***

벼락치기가 특기인 정현이는 단기 기억에는 꽤 자신이 있어. 영어 단어를 정해진 시간 안에 외우거나 한자 시험을 벼락치기로 준비하는 것 정도는 별 어려움 없이 할 수 있다고 해. 그렇지만 이렇게 외운 내용들을 오랫동안 잊어버리지 않고 기억하는 데는 어려움이 있나 봐. 지난 주 수업시간에 배웠던 내용들이 잘 생각이 나지 않아 답답함을 느끼는 때도 많지. 원래 타고난 기억력이 별로인 것 같다는 생각 때문에 불평도 많이 늘어놓았어. 그래서 이 문제로 부모님께 상담 요청을 했는데, 뜻밖에도 정현이의 문제는 기억력에 있는 것이 아니라 반복학습의 부재에 있었지 뭐야!

사람의 기억력이란 한계가 있지. 에빙하우스의 망각곡선 이야기는 들어봤지? 지금 외운 내용은 만 하루가 지나가버리면 절반 이상을 잊어버리는 게 정상이야. 그럼 잊어버리지 않게 하는 방법은? 하루가 지나기 전에 다시 한 번 봄으로써 기억을 환기시키는 것이지. 즉, '까먹기 전에 다시 보라' 라는 것. 정현이의 부모님은 정현이에게 한 번 본 것을 모두 기억하겠다는 것은 매우 어리석은 생각임을 일깨워 주셨어. 사실 정현이는 했던 걸 또 하는 것을 매우 지루해하는 성격 타입이야. 이미 한 번 본 내용은 신선함과 새로움이 없으니까 다시 보면 지겨운 거지. 그렇지만 한 번 공부하는 것으로는 그 지식을 온전히 자신의 것으로 만들 수 없다는 사실을 깨닫고 나니 이제는 복습에 대한 의욕이 조금은 더 생겼대. 지루해도 여러 번 책을 보다 보면 지식을 더 많이, 완벽하게 익힐 수 있고, 그로 인해 스스로 부족함을 채운다는 느낌을 받을 수 있다면 기꺼이 그 지겨움을 감수할 수 있다는 거지. 사실 단기 기억력에서야 사람마다 차이가 상당히 클 수도 있지만 장기로 갈수록 사람 머리의 망각 수준은 도토리 키 재기에 불과해. 관건은 누가 더 성실하게, 더 열심히 공부했느냐에 있는 거란다.

기억 전략	실천 항목	Y	N
1	배우는 것에 흥미 가지기(스스로 흥미유발 방법 개발하기)		
2	연상 기억법을 활용한다		
3	에빙하우스의 망각곡선에 따른 예습/복습을 하고 있다.		
4	자투리 시간 활용을 잘 하고 있다.		

(출처 : 자기경영학습연구소, http://edu1388.co.kr)

3. 과목별 공부전략

1) 영어

영어를 학문의 한 분야로 접근하는 것은 적절치 못하다. 영어는 기본적으로 의사소통을 위한 도구로서 배워야 하고, 특정 전문 분야에서 많이 사용되는 어휘들은 필요한 대로 익혀나가는 것으로 충분하다. 성실히 하되, 가장 효과적인 방법을 추천하라면 '통문장 학습'을 소개하고 싶다. 통째로 외운 문장은 실제로 그것을 사용할 수 있는 상황에서 자유롭게 활용될 수 있을 것이다. 교과서에 나온 지문을 통째로 익히는 공부를 해보자. 혼자 있을 때라도 누군가와 대화하는 것처럼 문장을 입 밖으로 내어 말해보는 연습을 많이 하는 것이 좋다.

지문을 읽을 때, 듣기를 할 때는 직독직해, 직청직해 하는 습관을 들이자. 직독직해란 영어 문장을 읽으면서 바로 해석하는 학습법으로 한글에 의한 직역이 아니고 문장 자체가 가지는 의역을 해나가는 것을 말한다.

다음은 아이들의 학습유형과 학습력에 따라 적합한 영어 학습방법을 코치해주는 표이다.

학습력	자유분방 나비 학습형	춤추는 돌고래 학습형	고집 센 원숭이 학습형	성실한 꿀벌 학습형
상	'영어로 의사소통'이라는 목표 설정. 자신의 진정한 실력이 어떤지 반성	외국인과의 대화형 영어 학습 (개인적 유대감도 형성)	학교 교과 과정 이상의 심도 깊은 공부로 흥미 유지	흥미 있는 분야의 잡지나 신문기사를 독해 자료로 활용
중	동화, 소설, 신문 등의 글을 통해 단어 공부 (기존 단어장 구매 X)	영어연극 참여 등 적극적인 그룹 학습 활동 유도	경쟁 학습을 통한 강력한 동기부여. 성적 향상이 시급한 파트가 어디인지 파악	실력에 맞는 내용을 택하여 기초부터 차근차근 공부. 학교 진도에 연연하지 말 것.
하	국제 무한경쟁시대에 글로벌 마인드 가지기. 학교 진도가 버겁다면 수준에 맞는 데서부터 시작	장기적으로 공부에 흥미를 붙일 수 있는 동기 마련. 소규모 그룹 학습 환경 제공	영어 동화, 소설 등으로 흥미 및 동기 증진. 긴장감 풀기	쉬운 교재를 택하고, 친숙하고 좋아하는 영어 관련 아이템에 되도록 많이 노출

앞의 표를 참고하여 현재 학생에게 가장 적합한 영어 학습법을 적용하도록 하자.

자유분방 나비 학습형인 학생의 경우 시중에 나와 있는 단어장을 사서 기계적으로 암기하는 것은 별로 효율적인 학습방법이 아니다. 반복에 쉽게 싫증 내고 지겨워하기 때문에 학습을 오래 지속할 수 없는 유형이다. 차라리 이런 아이들은 영어로 된 책을 읽으며 그 안에서 내용을 파악하는 형식의 공부형태가 맞을 것이다. 전체를 읽어 나갈 때 걸림돌이 되는 단어들을 자연스럽게 유추해보고 사전을 찾아 그 의미를 알아두는 식으로 공부를 해 나간다면 흥미를 잃지 않고 단어 공부에도 관심을 갖게 될 것이다. 이렇게 문장 속에서 기억된 단어는 더 오랫동안 기억에 남게 되며, 실제로 문장을 만들어 외국인과 대화할 때 사용할 수 있다

고집 센 원숭이 학습형의 학생들은 상대와의 경쟁을 통해서 더욱 자신의 능력을 잘 발휘할 수 있다. 그리고 시청각 자료를 받아들이는 재능도 우수하다. 그러나 자존심도 강하고 도전정신이 있기 때문에 지금 배우고 있는 내용이 재미가 없거나 시

시하다고 판단되면 쉽게 흥미를 잃어버릴 우려가 있다. 좀 더 어렵고 보다 더 도전적인 과제를 지속적으로 부여하는 것이 바람직하다. 이를테면 자기경영학습 지수는 높지만 학습력이 다소 부진한 학생의 경우 홀로 책상 앞에 앉아 책과 씨름하기 보다는 영어 연극부에 가입하거나 수업시간에 영어 발표를 하는 등의 활동을 통해 학습효과를 크게 높일 수 있다.

춤추는 돌고래 학습형은 상대방과의 교감을 중요시하는 감성적인 측면을 지니고 있기 때문에 주변에 영어를 모국어로 하는 외국인이 있거나 영어를 잘하는 지인이 있다면 그들과의 자연스러운 대화를 유도하자. 이를 통해 유대감을 형성하고 심리적 안정감을 느낄 수 있으며 영어 실력의 향상도 꾀할 수 있다. 친구들과 교과서 통째로 외우기 스터디 그룹을 만들어 공부하는 것도 효과가 있다. 영어를 책상 위에서만 하는 공부가 아니라 생활의 한 영역으로 끌어들이는 데 성공한다면 실력 향상은 자연스럽게 따라올 것이다.

성실한 꿀벌 학습형의 아이들은 체계적인 사고에 강한 면모를 보인다. 미리 준비가 어느 정도 되어 있지 않으면 크게 불안해 하거나 자신감을 가지지 못하는 편이기 때문에 공포와 긴장을 극복하고 편안한 마음 상태를 유지하는 것이 무엇보다 중요하다. 자유롭게 특별한 교재 없이 생활의 일부로서 학습하는 것보다는 정해진 교재가 있고 계획된 진도가 정해져 있는 학습이 좀 더 효과적이다. 이에 더해 학습하는 내용이 실용적이라면 즉, 오늘 배운 문장과 단어를 당장 내일 누군가와 대화하면서 써먹을 수 있으리라는 믿음이 있다면 학습에 대한 의지와 학습효과는 더욱 배가될 것이다.

고집 센 원숭이 학습형에 속하는 정현이는 경쟁심이 상당히 강한 편이야. 자기보다 잘하는 사람을 보면 그를 꼭 이기고 싶다는 마음이 다른 사람들보다 훨씬 강해. 졌다고 생각하면 자존심이 상해서 참을 수가 없는 거지.

정현이가 어느 날 영어 학원에 등록하러 갔을 때의 일이야. 여태까지 학교에서는 그래도 영어를 꽤 잘한다고 여기고 있었는데, 이게 웬걸, 막상 학원에 가보니까 '뛰는 놈 위에 나는 놈 있다' 고 자기보다 잘 하는 애들이 엄청 많은 거야. 그래도 설마 하면서 입학을 위한 레벨 테스트를 보았는데, 설마가 사람 잡았지 뭐야. 전체적으로 점수가 낮기도 했지만 특히 문법 영역에서는 가장 낮은 점수를 받았어. 충격 그 자체였지. 자존심도 많이 상했고.

그런데 정현이에겐 이 일이 꽤 긍정적으로 작용했어. 놀랍지? 보통 다른 아이들 같으면 주눅이 들거나 흥미를 잃어버리거나 하기 쉬웠을 텐데. 정현이는 마음 속으로 다짐했대. 다시는 다른 아이들에게 지지 않겠다고. 그렇게 결심하고 나니까 당장의 목표가 생긴 거야. 시험을 통해서 자신에게 특히 취약한 부분이 어디인지 알게 되었고 뛰어 넘어야 할 상대도 알게 되었지.

집에 돌아온 정현이는 당장 플래너를 집어 들었어. 비록 기록에 남거나 입시에 도움이 되는 시험은 아니었지만 정현이는 학원 시험에서도 자신의 능력을 증명해 보이고 싶었던 것일 거야. 그러기 위해서 계획을 신중하게, 또 꼼꼼하게 세우기로 했어. 문법이 다른 파트보다 많이 취약하니까 문법 공부에 시간을 많이 투자하고 나머지 영역들도 골고

루 공부할 수 있도록 시간을 배분했지.

물론 지나친 경쟁심은 스트레스를 가중시키는 역효과만을 낳기도 해. 그렇지만 때때로 정현이처럼 긍정적인 동기부여를 해주기도 하니까 너무 나쁘게만 볼 필요는 없지 않을까? 비록 경쟁 그 자체가 본질적인 목표가 될 수는 없지만 목표로 나아가는 한 걸음을 내딛게 해줄 수 있다는 점을 기억할 필요가 있단다. 보다시피 누가 시켜서 공부를 하는 것이 아니고 스스로 하기로 결심했잖아.

(　　　　　)형 영어 학습전략

시기별	학습전략	장 애	대 책

(출처 : 자기경영학습연구소, http://edu1388.co.kr)

2) 수학

수학이 어렵게 느껴지는 이유는 수학에서 요구하는 사고의 틀이 우리 일상생활의 그것과 많이 다르기 때문이다. 일단 수학적 사고의 틀을 정립했다면 수학이 그다지 어렵지 않게 다가올 것이다. 수학 공부를 위한 첫걸음은 자신의 수준보다 조금 쉽거나 수준에 맞는 정도에서 공부를 시작하여 수학적 사고의 틀을 형성해 나가는 것이다.

수학에 앞서 선행되어야 하는 것은 빠른 연산훈련이다. 연산이 빠르지 못하면 주어진 시간 내에 문제를 풀 수 없고, 문제를 푸는 계산과정의 착오로 잘못된 답을 낼 수도 있다. 한편 이를 돕는 학습지를 충분히 활용한다면 연산능력을 향상시킬 수 있다.

수학은 개념 이해가 먼저고, 주요 공식들에 대해서는 도출과정의 이해와 완벽한 암기가 필수적이다. 도출과정은 사실 이해 정도가 아니라 암기해야 할 부분이다. 수학자가 정립해 놓은 도출과정은 학생들이 고안해 낸 것이 아니기 때문에 이해하려고 노력하면서 도출을 반복해보고 최종적으로는 1-2 분 내로 종이 위에 자세히 풀 수 있어야 한다. 통합논술을 통해 과목간 지식을 배양하고자 하는 현 교육방침에서 단순한 공식 암기만으로는 전혀 실력을 인정받을 수 없다. 상급학교 진학 시험이 점점 심화되면서 우리 자녀들은 기존 교육법이 제시한 것 이상의 내용을 소화해야 하는 다중의 어려움에 직면하였다. 시험은 어려운데 학생들에게 이해시키지 않고 암기만 하라고 가르칠 수는 없다. 학생들은 선생님들로부터 정통 수학 학습법을 정확히 사사하고, 부모는 학생들이 공식 유도과정을 정확히 상술할 수 있는지 체크해 주어야 한다. 이 부분은 많은 학생을 책임지고 있는 공교육에서 체크해 주기는 어려운 부분이다. 사실 이런 어려운 점 때문에 수학 교육은 코칭이 가장 큰 힘을 발휘한다.

문제는 다양한 방식으로 풀어보는 것이 좋다. 모범 답안이 나왔으니까 동그라미하고 그냥 넘어가는 태도는 지양해야 한다. 도출과정이 올바로 진행되었는지 세심하게 점검해야 한다.

학생들의 성격유형이나 학습능력 정도에 따라 답을 내는 방법도 여러 가지이다. 능력이 우수한 학생의 경우 모범 답안과 같은 답이 금방 나올 수도 있겠으나 여러 차례의 수식을 거친 후에 답을 구하는 경우도 있다. 스스로 답을 구하였다는 것으로도 학습적 효과는 훌륭하다고 본다.

특히 각 단원의 개념과 원리를 직접 응용한 형태의 문제들은 꼭 체크하여 개념 이해와 개념 다지기라는 두 마리 토끼를 잡도록 하자.

다음은 아이들의 학습유형과 학습력에 따라 가장 적합한 수학 학습방법을 코치해주는 표이다

학습력	자유분방 나비 학습형	춤추는 돌고래 학습형	고집 센 원숭이 학습형	성실한 꿀벌 학습형
상	어려운 응용 문제에 대한 대처 능력을 기르는 데 집중	심화 문제 풀이를 통해 성취욕구 증진	이론의 배경을 이해한 후 세심한 단계별 문제 풀이	현실과의 연결고리 찾기. 교양 프로, 전문 서적을 접해 보기
중	적절한 수준의 교육을 받고 있는지 돌아보기. 알면 재미있어진다.	응용 문제에 도전. 잘 안되면 기본 문제부터 다시 보기	이론의 배경을 이해한 뒤 공식을 암기하여 문제 풀이 속도 향상. 목표, 동기 설정의 시간도 필요	손으로 풀이 과정을 써나가는 연습에 매진
하	추상적인 개념을 현실과 연관 지어 설명/이해	자기에게 맞는 수준에서부터 공부 시작. 공식의 배경부터 공부한 뒤 이해가 되면 암기	수준에 맞는 문제로 이론적 개념 파악이 우선	수학의 체계적인 논리를 찾아보고 자신만의 필요성 탐구

위의 표를 참고하여 현재 학생에게 가장 적합한 학습법을 적용하도록 하자.

추상적이고 관념적인 개념을 잡는 데 어려움을 느끼는 자유분방 나비 학습형 아이들에게는 수학적 개념을 실생활에 비유하여 설명해 줄 필요가 있다. 다만 이 때 학습력이 지나치게 낮은 수준의 아이들 경우 자존심이 다치지 않도록 주의해야 한다. 현재 학교 진도 내용에서도 비교적 쉽고 친숙한 내용들을 발췌하여 병행 학습하는 것도 좋은 방법이 될 수 있다.

춤추는 돌고래 학습형의 아이들에게도 가장 중요한 것은 학교 진도와 관계 없이 현재 학생의 수준에 맞는 진도를 선택하는 것이다. 학교 진도에 다소 떨어지는 편이라면 먼저 보충학습으로 진도를 맞추어야 할 것이고, 실력이 좀 앞서 있다면 심화, 응용 문제들을 계속 접하고 도전하는 것이 좋다. 공식을 달달 외우기 이전에 해야 할 것은 내용의 이해이다. '이해가 안되면 외우기라도 잘해!' 는 아주 틀린 말은 아니지만, 수학은 암기만으로는 통하지 않는 과목임을 명심하자.

고집 센 원숭이 학습형은 수학 학습을 재미있어 한다. 직관적, 관념적 사고에 강한 면모를 보이기 때문이다. 이론을 제대로 이해하고 있다는 판단이 서면 그 뒤에 자기 수준에 맞는 문제를 풀어보고 좀 더 어려운 문제도 접해보는 식으로 공부하자.

수학처럼 종이와 펜이 많이 필요한 과목이 또 있을까? 그래서 성실한 꿀벌 학습형들은 성실함에도 불구하고 수학에 취약한 면모를 보일 때도 있다. 수학은 내용을 이해한다고 해서 실력이 있다고 말할 수는 없다. 눈으로 식을 읽고 고개를 끄덕이는 것으로 수학 공부가 끝났다고 생각하는 꿀벌형 학생들은 경각심을 가져야 한다. 눈 뿐만 아니라 손도 문제에 익숙해질 수 있도록 끊임없이 펜을 들고 종이에 문제를 풀어나가야 한다. 때때로 '도대체 수학은 공부해서 무엇에 쓰나' 싶은 생각이 들면 잠시 공부를 멈추고 수학과 현실의 연결고리를 나름대로 찾아보자. 단지 어려운 공식 하나는 지금 당장 현실적으로 사용되지는 않는다 하더라도 고등수학까지 공부하면서 형성된 수학적 개념은 우리가 인생을 살아가면서 사고력 측면에서 꼭 필요한 것이다. 우리가 사용하는 전자제품, 기계제품에는 제어장치가 있는데, 이 장치를 동작시키는 프로그램은 많은 수학적 사고에 의해 만들어졌다. 특별히 MP3에는 음악을 압축하고 해제하기 위해 복잡한 수학 알고리즘이 사용되었다. 만일 이러한 수학적 알고리즘이 개발되지 않았다면 워크맨을 아직도 들고 다녀야 했을 것이다.

정현이에게 수학은 영어보다는 좀 더 수월한 과목이래. 전체적인 흐름을 파악하고 그 안에서 논리적 연결고리들을 찾는 일은 꽤 익숙하고 편한 느낌을 받았기 때문이지. 물론 수학 공부를 할 때도 암기가 빠질 수는 없어. 왜 수업 시간에도 보면 선생님이 어떤 공식이 어떻게 도출되는지 설명은 해주시지만 문제를 풀기 위해서는 그 공식을 외우라고 하시잖아. 그래도 일단 다른 과목에 비해서는 암기할 것들이 적은 편이긴 하지만.

정현이는 수학이 재미있기는 했지만 그렇다고 해서 늘 자신 있었던 것은 아니라고 해. 학년이 올라갈수록 계속 어려워지는 수학 과목에 자신감이 많이 사라지기도 했던 거야. 누구나 자기가 못하는 것에 대해 흥미를 계속 유지하기는 쉽지 않지. 이렇게 어려운 것을 그냥 포기해 버리고 싶은 생각도 들었을 텐데 정현이는 그렇게 하지 않았어. 어려웠지만 마음을 비우고 꾸준히 공부하다 보니 어느 순간 흥미를 넘어 관심이 생기기 시작하더래. 오기라고 할 수 있을지도 몰라. 그래, 어차피 이렇게 된 거 수학을 정복하고야 말겠다는 생각이 들었던 거지. 무엇인가로부터 괴롭힘을 당할 때는 도망치는 방법도 있고 맞서 싸워 이기는 방법도 있잖아. 정현은 후자를 택했다고 봐야겠지. 그리고 그건 정현의 남다른 승부욕 때문에 가능한 일이었을 거야.

지금 당장 어렵고 힘들다고 쉽게 포기하지 말자. 그건 패배의 또 다른 이름일 뿐이지 않겠니? 경쟁심을 주변 친구들에게만 발휘하지 말고 교과목 자체에도 이용해보는 거야. 어렵디 어려운 수학과 싸워 이기고 말겠다는 의지를 불태우는 거지!

(   )형 수학 학습전략

시기별	학습전략	장 애	대 책

(출처 : 자기경영학습연구소, http://edu1388.co.kr)

3) 국어

국어 공부의 왕도를 굳이 말하라면 그것은 꾸준한 독서에 있다고 말할 수 있다. 국어 공부의 관건은 읽기에 있는데 읽기 능력 즉, 독해력은 독서를 통해서 신장될 수 있기 때문이다. 잘 읽으려면 우선 많이 읽고 제대로 읽으라. 책을 읽고 난 후에는 읽은 내용을 간추려 요약하는 습관을 갖도록 하자. 이렇게 정리해 쓰다 보면 논술 공부를 따로 하지 않아도 좋을 정도로 쓰는 능력이 늘어날 것이다.

교과서 역시 훌륭한 독서의 대상이 될 수 있다. 엄선된 좋은 글들이 많이 실려 있기 때문에 교과서만 숙지를 해도 충분히 언어 능력을 계발할 수 있다. 또한 독해력 이외에도 국어 실력을 높이기 위해서 우리가 잊지 말고 해야 할 것들이 몇 가지 있음을 기억하자. 교과서 외에도 신문의 사설을 가지고 글의 구조를 파악하고 주제를 찾아내는 등의 훈련을 하는 것도 도움이 된다. 신문의 사설은 뚜렷한 목적과 논지를 가지고 서론, 본론, 결론에 의해 짜임새 있게 쓰여진 글이다. 정보전달의 목적을 위해 쓰여진 다른 기사들과는 달리 신문의 사설은 짜임새 있는 구도를 가지고 거의 유일하게 논지가 강하게 드러나는 글에 속한다.

시험을 위한 요령을 공개하자면 국어나 영어 독해문제 시험을 볼 때는 문제를 먼저 훑어본 뒤 지문을 읽는 것이 효과적이다. 어느 부분을 읽고 어떤 정보를 유의해 두어야 할지 알 수 있기 때문이다. 이것은 읽을 것이 많은 국어 시험에서 시간을 단축하는 비법이다. 또한 이렇게 문제를 먼저 읽고 특정 부분에 초점을 맞춰서 글을 읽다 보면 글의 내용을 파악하는 능력이 향상되고 중요한 부분을 빠르게 집어내는 실력이 쌓이게 될 것이다. 이것이 곧 독해력 신장이다.

다음은 아이들의 학습유형과 학습력에 따라 적합한 국어 학습방법을 간략하게 코치해주는 표이다.

학습력	자유분방 나비 학습형	춤추는 돌고래 학습형	고집 센 원숭이 학습형	성실한 꿀벌 학습형
상	감상을 통한 문학의 아름다움 깨닫기	심도 깊은 주제의 독서	문학적인 감수성 향 상을 위해 질문하기	행간에 숨어있는 의미를 이해하는 연 습하기
중	흥미로운 책을 통해 문학의 관심 증폭	독서를 통해 동기 부여를 도와줄 역할 모델 탐색	자신과 다른 해석 관점 이해하기	'단원목표',' 생각해 볼 점' 등에 초점을 맞추어 공부
하	단어 뜻 암기(한자, 사 자성어), 문법 공부	수준에 맞는 흥미로 운 분야의 책을 통해 독서에 대한 흥미 증진	과목 전체의 흐름을 파악하고 이해	언어 사고력 향상을 통해 문학에 흥미

위의 표를 참고하여 현재 학생에게 가장 적합한 학습법을 적용하도록 하자.

자유분방 나비 학습형의 아이들은 자기가 경험한 사실에 대해서는 뛰어난 이해도를 보여주지만 타인의 감정이나 상황을 공감하는 데는 서툴다. 경험해보지 않았기 때문에 상상을 해야 하는데, 이들에게는 그것이 상당히 어려운 탓이다. 비문학 분야의 설명조, 논설조의 글들은 근거가 명확하고 논리적인 짜임새를 갖추고 있기 때문에 바로 이해하지만 문학작품은 어럽게 느낄 수 있다. 하지만 이들은 기본적으로 '사고'보다는 '감정'의 기질을 더 강하게 타고 났기 때문에 어떻게 공부하는 가에 따라 문학에서도 충분히 공감 능력을 기를 수 있다. 문학 작품이 어렵다면 그 작품의 저자에 관한 글을 먼저 읽어보자.

객관적인 정보를 담은 보고서와 같은 글보다는 자신의 가치 관에 대해 생각할 수 있고 공감할 수 있는 주제로 쓰인 글을 선 호하는 **춤추는 돌고래 학습형**의 학생들은 흥미로운 책이라면 분야를 막론하고 굳이 거부하지 않는다. 옆에서 함께 독서하 는 분위기를 조성하고 아이에게 책 읽는 모습을 칭찬하면 독서 에 탄력이 붙을 수 있다. 교과서는 안 읽고 엉뚱한 소설책만 읽 는다고 섣불리 꾸중하지 말고 아이와 함께 공감대를 형성할 수 있도록 책에 관한 이야기를 나누는 등의 성의를 보이면 아이는 심적 안정감과 함께 학습에 대한 의욕과 흥미를 느낄 것이다.

고집 센 원숭이 학습형의 학생은 느끼는 것보다 생각하는 것에 더 익숙하다. 게다가 고집도 센 형이라면 문학작품에 대 해서도 객관적이고 합리적인 사고의 잣대를 들이대기 십상이 다. 그러다 보면 문학이란 필요도 없는 학문이라고 도외시 하게 된다. 이런 경우엔 스스로 시 한편, 단편소설 한편을 지어 보도록 유도하여 문학이란 자기 자신의 감정과 생각을 아름답고 압축적으로 표현하게 해주는 가치 있는 활동이라고 인식시켜 줄 필요가 있다.

성실한 꿀벌 학습형 역시 고집 센 원숭이 학습형과 마찬가지로 문학보다는 비문학, 어학 영역의 재능이 좀 더 탁월하다. 이미 잘하고 있는 학생이라면 교과 내용을 넘어 좀 더 심화된 영역까지 도전해보는 것도 좋다. 학습이 다소 부진한 학생이라면 우선 잘하고 좋아하는 부분부터 공부하여 흥미를 유발시킨 뒤에 나머지 영역을 공부하자.

***자녀를 위한 코치미 - 정현의 이야기 ***

정현이는 논리적인 사고력이 상당히 발달되어 있고 성격도 객관적이고 원칙적인 것을 좋아하는 성향을 가지고 있기 때문에 국어가 늘 어려운 과목 중 하나야. 논설문이나 설명문과 같은 글은 오히려 매우 분석적으로 잘 이해하지만 문제는 문학 작품이었지. 영화를 보러 가도 줄거리와 핵심 내용 파악에만 신경이 쓰이고 감정에는 별 변화가 없는 경우가 태반이었는데 교과서에 실린 소설이나 시를 읽는다고 뭐 특별한 게 있었겠니. 문학작품을 공부할 때에는 주제, 소재, 등장 인물 간의 갈등 구조, 시점 등과 같은 이론만 보게 되고, 그러니까 자연스럽게 흥미가 안 생기는 거지. 일단 소설은 재미가 있어야 계속 읽게 되는 건데 말이야.

그런데 감수성이라는 건 말이지, 정도의 차이가 있을 뿐 누구나 가지고 있단다. 다만 감정보다는 머리로 접근하는 것이 더 쉽게 느껴져서 자꾸 그 쪽에 치중하다 보니 객관적인 사고만 할 줄 아는 것처럼 돼버리는 거야. 교과서에 실린 문학작품이 영 재미가 없다면 보다 접근하기 쉬운 요즘 소설들로 시작해보자. 이건 당장은 학교 성적과 관련이 없겠지만, 길게 보면 문학에도 관심을 가지게 되는 계기가 될 수 있을 거야. 흥미가 생기면 자연히 열심히 공부하게 되지 않겠니.

(   )형 국어 학습전략

시기별	학습전략	장 애	대 책

(출처 : 자기경영학습연구소, http://edu1388.co.kr)

4) 사회

사회과학은 인간을 대상으로 하는 학문이다. 지극히 실제적이고 실용적인 측면으로 접근하며 추상적 사고체계가 개입되지 않기 때문에 맺고 끊는 공식은 적용되지 않는다. 사회를 외워야 할 것이 많은 암기 과목으로 느끼는 이유는 사회현상은 수많은 변수를 동반하는 탓이다. 하나의 공식에 모든 현상을 끼워 맞추는 것은 불가능하다. 기껏해야 어떠한 경향이 있고 흐름이 있는 것으로 보인다는 정도로만 말할 수 있을 뿐이다. 이는 곧 여러 지역, 여러 시대, 여러 종류의 사람들의 생존 양식에 관한 많은 것들을 다 외워야 한다는 결론으로 귀결되는 것이다.

하지만 중, 고교 사회교과 내용은 원인과 결과의 관계 전체와 부분의 관계를 중요시하고 수업시간에도 그러한 점을 강조하기 때문에 완전히 아리송하게 만드는 그런 과목은 또한 아니다. 아무 관련성 없는 별개의 사건들을 독립적으로 암기해야 하는 것은 아니라는 말이다. 또한 인간사회를 그 대상으로 하기 때문에 우리에게 친숙하고 친근한 주제를 다루는 편이다.

우선 원리를 이해하겠다는 마음가짐으로 책을 보자. 그러기 위해서 교과서를 여러 번 통독하는 시간을 갖는 것이 좋다. 교과서를 읽을 때에는 지엽적인 문제에 얽매여 그것이 잘 이해되지 않는다고 오랜 시간 붙들고 있기 보다는 전체적으로 쭉 훑어본다는 생각으로 보아야 한다. 한 번 읽어서 이해가 되지 않는 내용도 여러 번 다시 보면 이해가 된다. 또한 사회의 각 교과 내용들은 거시적으로 보았을 때 서로 다 연결되어 있기 때문에 지금 잘 이해가 가지 않는 내용이 다른 교과 내용들과 연결시켜 생각해 볼 때 이해가 되는 경우도 많다.

교과서에 나오는 지도나 도표, 사진 등을 소홀히 여기지 않아야 한다. 그 자료들은 어떤 목적 없이 교과서에 실린 것이 아니다. 각 단원의 교과내용을 가장 잘 대표할 수 있는 자료들이 엄선되어 책에 실린 것이기 때문에 이 자료들은 매우 중요한 것임을 명심해야 한다.

다음은 아이들의 학습유형과 학습력에 따라 가장 적합한 사회 학습방법을 코치해주는 표이다.

학습력	자유분방 나비 학습형	춤추는 돌고래 학습형	고집 센 원숭이 학습형	성실한 꿀벌 학습형
상	역사의 논리적인 인과 관계 분석	삶과 사회에 대한 책 임의식을 통해 미래 지향적 목표 설정	플래너를 통한 구체 적 목표 달성 체크	역사를 시대순으로 자기만의 표로 정리
중	나만의 스토리를 만들어 효과적으로 암기	사회 학습의 의의를 되새긴다.	탐구 과제를 통한 흥미유발 및 심층 이해	사회 현상의 배경 찾아보고 이해
하	재미있는 역사 만화 로 전체 파악	역사적 사건의 시대 적 배경에 집중	전체적인 파악 후 세부 내용 연계하여 암기	논리적인 인과관계를 통해 사건을 재구성 하여 이해, 흥미 유발

위의 표를 참고하여 현재 학생에게 가장 적합한 학습법을 적용하도록 하자.

자유분방 나비 학습형은 자연스럽게 책을 읽고 생각하다 보면 외울 것은 대개 외워지는 편이다. 이야기가 있는 내용에 강하기 때문이다. 다시 말하면 연상력이 뛰어나서 생각이 꼬리에 꼬리를 물고 떠오르는 것이다. 굳이 공부라고 생각하지 말고, 교과서에만 몰입하지도 말고 자유롭게 관련 서적을 탐독하도록 내버려두자. 평소 독서를 별로 좋아하지 않는 아이라면 만화로 된 역사책을 권해준다든지 함께 역사 다큐 프로그램을 시청하는 등 관심을 유발할 수 있는 상황을 자꾸 만들어 주는 것이 중요하다.

춤추는 돌고래 학습형은 사회 과목 중에서도 특히 도덕이나 역사 과목에 관심이 많을 가능성이 크다. 사회와 나의 연관성, 유대감 형성 등을 무엇보다 중요하게 여기는 유형이기 때문이다. 그런 의미에서 현실과 관련된 내용의 학습을 더 잘 하는 편이다. 하나의 이론을 가르칠 때도 그것이 현실 속에서 사람들과 어떤 식으로 조화를 이루며 가치를 창출할 수 있는지에 초점을 맞추어 가르치면 효과가 크다. 아이가 사교적이라고 해서 혼자 공부하는 것보다 그룹 스터디를 하는 것이 항상 효과적인 것은 아니다. 오히려 친구들 사이의 경쟁관계를 견디기 힘들어 할 수도 있으니 아이의 의견을 충분히 존중하여 학습 분위기를 조성해주자.

지나치게 현실적이고 객관적인 고집 센 원숭이 학습형은 '사회' 과목이 가지고 있는 학문적 특성, 즉 사회과학이기 때문에 언제나 수학공식처럼 일관되고 논리적일 수는 없다는 사실을 간과할 수 있다. 객관성과 합리성에 대한 집착이 사회 과목을 체계 없는 암기 과목으로 인식하게 만들 수 있으니 사회 과목에 대한 충분한 이해가 선행될 수 있도록 지도하자. 일단 전체 내용을 대략적으로 파악한 뒤에 세부 사항을 암기하는 식으로 공부하는 것이 좋다.

성실한 꿀벌 학습형은 줄글로 된 것보다 표나 그래프로 정리된 자료에 더 강한 면모를 보인다. 또한 교과내용이 현실적으로 쓸모가 많다고 판단될수록 흥미가 커지는 경향이 있다. 아이와 함께 꾸준히 뉴스를 시청하는 습관을 들이는 것은 상당히 도움이 될 것이다. '넌 학생이니까 사회 문제에는 관심 갖지 말고 공부나 해!' 라고 말하는 것은 아이의 공부에 대한 흥미를 떨어뜨릴 수 있으니 주의하자. 대신 아이의 토론 상대가 되어줘라. 문제에 대해 어느 정도 자신만의 결론을 내게 되면 공부에 더 집중할 수 있을 것이며, 흥미도 더 많이 느낄 수 있을 것이다.

***** 자녀를 위한 코치미 - 정현의 이야기 *****

정현이는 학습에 있어서 자율성을 굉장히 중요하게 생각하는 편이야. 물론 학교에 다니면서 숙제가 하나도 없을 수는 없지. 때로는 재미 없는, 하기 싫은 숙제를 해야 할 때도 있을 거고. 정현이가 가장 좋아하는 사회 선생님은 조금 특별한 방식으로 숙제를 내주신대. 학생들한테 어떤 주제에 대해 얼만큼 어떻게 조사해오라고 구체적으로 일러주는 것이 아니고, 배웠던 단원과 연관되는 내용 중에 자신이 가장 관심 가고 흥미 있는 주제를 하나 택해서 자유롭게 조사해보도록 하는 거지. 스스로 주제를 정한 만큼 과제에 애착도 생기고 정해진 틀이 없으니까 자유롭게 할 수 있어서 더 좋다고 하더라.

사실 요즘은 조사 과제를 내주면 인터넷 검색엔진에서 검색어를 입력해서 뜨는 내용들을 복사해다 붙여서 제출하는 경우가 많잖아. 그런 과제는 머리에 남는 것도 없을뿐더러 재미도 없고 지겹기만 하지. 그런데 정현이네 사회 선생님처럼 숙제를 계속 내주는 것은 아마 거의 불가능할거야.

많은 학생들을 맡고 있다 보면 어쩔 수 없지. 숙제를 내주지 않는다면 스스로에게 숙제를 내보자. 뭐든지 좋으니까 수업 시간에 유난히 흥미로웠던 주제를 좀 더 자세히 알아본다는 생각으로 해보는 거야. 제출하는 과제처럼 형식을 갖추어서 하는 것이 부담스럽다면 집에서 부모님과 이야기를 하면서 의견을 나누어보는 것도 좋아.

이렇게 하다 보면 교과서 내용이 이해도 더 잘 되고 친구들 보다 많이 알고 있다는 자신감도 생겨서 흥미가 더 붙게 되지 않을까? 역사는 교과서에 실린 정사보다 야사가 훨씬 재미있단다. 물론 모든 야사가 역사적인 검증과정을 거친 사실이라고 할 수는 없지만 최소한 우리의 상상력을 자극할 수도 있고, '정말 이랬을까?', '정통 역사서는 이걸 어떻게 설명하고 있을까?' 와 같은 의문이 생기면서 흥미를 자극할 수도 있지. 명심해. 이런 즐거움은 느껴보기 전에는 잘 몰라서 원하지 않을지도 모르지만 일단 한 번 경험해보면 계속 그런 즐거움을 누리고 싶게 되고, 그건 어디까지나 자발적인 학습 참여를 통해 가능하다는 걸.

(   )형 사회 학습전략

시기별	학습전략	장애	대책

(출처 : 자기경영학습연구소, http://edu1388.co.kr)

5) 과학

과학은 복습보다 예습이 더 중요한 과목이다. 대부분의 학생들에게 과학은 그다지 친숙하지도 쉽지도 않은 과목이기 때문이다. 수업 내용에 대한 사전 지식이 없거나 생소한 내용들이 많이 나올 경우 놓치는 부분이 생길 수 있다. 잘 이해가 가지 않기 시작하면 과목에 대한 흥미를 상실할 우려도 있으며, 다음 수업 내용으로 연결이 되지 않아 악순환에 빠질 수도 있다. 모든 내용을 미리 다 이해하고 수업에 임할 필요는 없다. 최소한 어떤 내용을 배울지 살펴 보고 그것들에 대해 한 번쯤 생각해보고 수업을 들으라는 것이다. '아는 만큼 보인다'는 말이 있다. 내가 사전에 정보를 많이 알고 있을수록 수업은 더 알차게 느껴질 것이다.

과학 공부에서 이론 학습만큼 중요한 것이 그 이론을 검증하는 '실험'이다. 책에 나온 실험은 모두 숙지하고 있어야 한다. 실험에 대한 전 과정을 모두 이해하고 실험 결과의 도출과정, 실제 결과와 이론간의 괴리가 발생하는 이유, 실험에 사용된 기구들의 특성과 그것들이 사용된 이유 등을 꼼꼼히 정리하여 알아두어야 한다. 과학에서는 실험을 통해 가설이 증명

되고, 그렇게 증명된 가설이 곧 이론이 된다. 이미 정립된 이론을 배우는 것이기에 우리가 가설에 중점을 둘 필요는 없지만 이론을 배움에 있어서 그 이론을 뒷받침해주는 실험을 몰라서는 안 된다. 직접 실험을 해볼 수 있는 기회가 많지 않지만 최소한 책에 나온 실험에 관해서는 그 실험의 가설, 변인, 변인 통제, 결과와 가설의 이론화 등에 대해서 종이에 스스로 풀 수 있을 만큼 조목조목 익혀 두어야 한다.

다음은 아이들의 학습유형과 학습력에 따라 가장 적합한 과학 학습방법을 코치해주는 표이다.

학습력	자유분방 나비 학습형	춤추는 돌고래 학습형	고집 센 원숭이 학습형	성실한 꿀벌 학습형
상	실험을 가상적으로 만들어보기	과학의 자신감을 앞으로의 목표나 동기에 연결	이론을 검증하므로 흥미 유발, 집중	현실에서 어떻게 적용되는지 확인
중	성격이 비슷하고 잘하는 친구의 학습법을 내 것으로 만들기	과학에 대한 흥미에서 그치지 말고 문제를 풀어가면서 실전에 적용	실험과 관찰을 통해 학습 내용을 자기화	종이에 가상적으로 실험을 해 보기
하	과학 전시관 및 프로그램을 통해 흥미 가지기	이론의 탄생배경을 통해 흥미 유발	한가지 테마를 깊이 있게 관찰, 실험하여 흥미 유발	과학 잡지나 책을 통해 과학의 재미 강화

위의 표를 참고하여 현재 학생에게 가장 적합한 학습법을

적용하도록 하자.

자유분방 나비 학습형에게 있어 가장 필요한 것은 바로 실험이다. 책을 읽고 외우는 것보다 한 번 직접 실험을 해보는 것이 더 금세 와 닿고 기억하기 쉽기 때문이다. 같은 맥락에서 '인체의 신비' 나 '우주 체험' 등의 학생 대상의 과학 프로그램이나 전시 행사가 있다면 그런 곳을 자주 방문하는 것도 좋다. 흥미를 유발할 뿐 아니라 교과서에서는 배울 수 없는 고급 지식도 접할 수 있는 좋은 기회가 될 것이다. TV를 켜고 디스커버리 채널을 보는 취미를 길러보는 건 어떨까? EBS 프로그램 시청도 유용할 것이다.

교사의 개인적 관심이 학습성취도에 상당한 영향을 끼치는 춤추는 돌고래 학습형의 경우 과학이론만 배우는 것보다는 그 이론을 만든 과학자의 삶, 이론이 탄생하게 된 배경과 그것을 재미있게 풀어 쓴 에피소드 등을 접함으로써 좀 더 과학 과목에 흥미가 생길 수 있다.

반면 고집 센 원숭이 학습형들은 대개 과학 과목에 대한 흥미가 다른 유형보다 높은 편이며 재능 또한 탁월하다. 하지만 실험의 결과를 이미 알고 있기 때문에 실험을 하는 것을 무의미하게 받아들일 수 있다. 그래도 학교 수업시간에 실험 기회가 있다면 적극적으로 참여해 보자. 처음에는 귀찮더라도 실험과정 속에서 얻어 가는 것이 있을 것이다. 학습력이 다소 떨어지는 학생들의 경우에는 모든 것을 한 번에 다 하려고 하지 말고 가장 흥미로운 한 가지 테마를 깊게 관찰하고 탐구하여 좋은 성과를 내고 성취감을 느낄 수 있도록 돕는 것이 좋다. '할 수 있다' 라는 자신감을 심어주는 것이 무엇보다 우선이기 때문이다.

성실한 꿀벌 학습형 학생이라면 과학 공부에 있어서는 자유분방 나비형과 유사한 학습법을 취하면 된다. 현실과의 연관성이 학습동기에 큰 영향을 줄 수 있다. 비교적 조숙해서 일찍부터 화장품에 관심을 보이는 여학생이라면 화장품의 성분은 주로 무엇인지, 그것이 피부에 어떤 효능을 가지고 있는지 등에 대해 관심을 갖도록 유도해보는 것은 어떨까? 식탁의 반찬이나 국에 들어가는 조미료, 아플 때 복용하는 의약품에는 어떤 성분이 들어 있을까? 남들은 어려워서 알지 못하는 각종 화

학물질의 이름을 꿰게 될 지도 모른다.

정현이는 과학 수업시간이 되면 실험이 늘 기다려진대. 선생님께서 해주시는 이론 설명보다 직접 실험을 해보는 것이 더 재미있고 머리에 쏙쏙 들어오기 때문이라고 하더라. 종종 우리는 당연한 건데도 그게 눈 앞에서 벌어지면 엄청 신기하게 느껴지는 경험을 하곤 하잖아. 정현이에겐 과학 실험이 바로 그런 거지.

흥미롭게 실험과정에 참여하는 정현을 선생님께서 보시고는 과학경시대회와 같은 시험에 도전해보는 것이 어떻겠냐고 권유하셨대. 이 정도 흥미라면 수업시간에 공부하는 것만으로 만족하기는 아깝다고 생각하셨을 거야. 선생님의 관심을 받는다는 것은 기쁜 일이겠지? 열심히 하는 모습, 흥미로워하는 모습을 보이면 분명 선생님께서도 알아보시고 격려해주실 거라 믿어. 그러면 좀 더 열심히 하고 싶은 마음도 생길 것 같아.

(   )형 과학 학습전략

시기별	학습전략	장애	대책

(출처 : 자기경영학습연구소, http://edu1388.co.kr)

4. 학습환경전략

각 기업의 사무실 내부를 들여다 본 적이 있는가. 닭장처럼 비좁게 칸막이가 쳐져 있고 책상은 작아서 각종 서류로도 넘쳐나는 사무실이 있는가 하면 공간을 널찍하게 분리하여 크고 좋은 책상과 컴퓨터를 비치한 사무실도 있다.

기업이 직원들에게 좋은 근무환경을 만들어주기 위해 신경을 쓰는 이유는 그것이 바로 생산성 증가와 직결되기 때문이다. 공간이 넓고 쾌적할수록 보다 창의적, 창조적 아이디어를 떠올릴 가능성이 높아지고 업무의 효율도 훨씬 증가한다.

아이들의 책상 위를 보자. 책상이 공부를 위한 공간으로 이용되지 않은지는 이미 오래이다. 책상의 절반은 컴퓨터 모니터가 차지하고 나머지 절반은 키보드를 놓는 데 쓴다. 어젯밤 컴퓨터를 하면서 까먹고 그대로 둔 귤 껍질이 말라 비틀어져 있다. 이런 책상 위에서 과연 공부할 마음이 들까? 아마 잠시 들었다가도 책상 위를 보는 순간 그럴 마음이 싹 사라져버릴 것이다.

책상에는 공부와 관련 있는 책이나 노트, 필기구 같은 것 외에 다른 것들을 올려두지 말자. 특히 공부하는 책상 위에 컴퓨터를 올려놓았다면 공부할 시간에도 자꾸 컴퓨터를 하고 싶은 유혹에 사로잡히게 된다. 공부와 관련 없는 사물이 책상에 놓여 있으면 공부에 집중이 잘 되지 않으므로 이것들을 우선 모두 치워야 한다. 아이가 시험기간만 되면 방청소만 하다가 피곤해서 정작 공부는 못하고 그냥 잠드는 것 아니던가!

의자를 고를 때는 최대한 자신에게 편안하고 좋은 자세를 유지하는 데 도움이 되는 것으로 선택한다. 의자가 몸에 맞지 않아 불편함을 느끼게 되면 집중이 잘 되지 않을 뿐만 아니라 몸에 이상이 생길 수도 있다. 잘못된 자세는 척추에 이상을 가져와 만성 통증에 시달리게 하기도 하고 그로 인해 오랫동안 꾸준히 앉아있을 수 없게 만든다. 특히 집중력이 낮은 아이들에게 바퀴가 달린 회전식 의자는 적합하지 않음을 명심해야 한다.

또 하나 중요한 것이 바로 조명이다. 적절한 조명이 유지되지 못하면 눈이 쉽게 피로해져서 공부를 지속할 수 없고, 심지어는 머리가 아프거나 졸음이 오는 등의 현상도 나타날 수 있다. 빛이 너무 밝거나 너무 어두워도 안되고, 종이에 빛이 반사되는 것도 좋지 않다.

벽지는 은은하고 밝은 톤으로 선택하자. 은은한 색깔은 오랫동안 보아도 눈이 피로해지지 않고 안정감을 느낄 수 있도록 도와준다.

학습력	자유분방 나비 학습형	춤추는 돌고래 학습형	고집 센 원숭이 학습형	성실한 꿀벌 학습형
상	비슷한 수준의 학생들과 경쟁하기	자신에게 맞는 공부 환경을 찾아서 학습	환경에 급격한 변화 금지	주변정리(파일링)를 통해 불필요한 시간 줄이기
중	학교나 학원 스타일 파악 후 적응	현재 환경의 불만 사항 체크 / 개선	주변정리 확실히 하기(책상 위에 필요 없는 물건 치우기)	부모부터 책을 읽음으로써 공부 분위기 조성
하	자발성을 존중해주는 학습 분위기 조성	비슷한 수준의 학생들과 경쟁하기 칭찬, 격려 동반 필요	환경을 객관적으로 점검해 보기(아이가 쉽게 집중하는 환경이 어떤지 관찰)	적정량의 과제 부여 → 한 가지에 집중할 수 있도록

위의 표를 참고하여 학습환경 조성에 이용해보자.

자유분방 나비 학습형의 경우 아이가 표면적으로 별 문제 없이 학원에 잘 다니고 학교 수업을 충실히 받고 있는 듯 보일지라도 아무 문제가 없는 것은 아닐 수도 있으므로 세심한 관찰이 필요하다. 수동적으로 적응은 잘 해나가는 모습은 보이지만 내면적으로는 현 상황에 전혀 만족하지 않거나 심지어 반발심 등을 가지고 있을 수도 있기 때문이다. 학습력이 낮은 아이들에겐 성급하게 재촉하지 말고 인내심을 가지고 지켜보자. 스스로 공부하려는 의지가 생겼다가도 주변에서 강요나 압박을 하면 그 의지가 사라져버리는 경우도 있다. 또한 획일적인 주입식 교육보다는 아이의 자발성을 최대한 존중해주는 분위기 속에서 학습 결과가 더 좋을 수 있다.

전반적으로 춤추는 돌고래 학습형 아이들은 좋은 분위기의 집단 내에 있을 때 안정감을 느끼고 공부에 더 몰입할 수 있지만, 이들 사이에 경쟁 관계가 형성되고 그것을 의식하기 시작하면 그곳에 마음을 빼앗겨 공부에 집중을 할 수 없게 된다. 따라서 직접적인 비교가 될 수 있는 같은 학교, 같은 학급 친구들과는 되도록 이런 집단의 형성을 지양하는 편이 좋다. 분위기가 너무 좋은 집단 안에 있으면 그 분위기에 도취되어 공부는 뒷전이 될 수도 있기 때문이다.

고집 센 원숭이 학습형은 기본적으로 환경이 급격하게 바뀌는 것에 민감하지만, 때로는 주변 환경을 정리하면서 공부할 필요가 있다. 책상 위에 공부에의 몰입을 방해하는 여러 잡동사니들이 어지럽게 놓여 있으면 오랜 시간 집중을 하기가 힘들다. 컴퓨터 같은 것도 공부방에서는 치우는 것이 좋다.

성실한 꿀벌 학습형도 원숭이 학습형과 마찬가지이다. 시험공부를 시작하기 전이면 늘 책상을 깨끗이 치우고 방청소부터 하던 버릇이 있는 아이들이라면 더더욱 그렇다. 애초에 책상 주변에는 물건을 많이 두지 않도록 하자. 한편, 부모의 학습욕구는 아이를 고무시키는 충분한 도구가 될 수 있다. TV를 보며 웃고 있는 엄마가 공부하라고 하는 잔소리는 효력이 없다. 오히려 아이에게 책을 읽히고 싶다면 부모가 먼저 책을 읽는 모습을 보여주는 것이 낫다.

환경전략	실천 항목	Y	N
1	자녀가 공부할 때 부모님도 책을 읽거나 일을 한다.		
2	TV소리는 공부할 때 들리지 않는다. (웃음소리나 대화하는 말도 들리지 않아야 한다.)		
3	PC는 공부방에 없다.		
4	공부방에 거울이 없다.		
5	책상은 자녀의 체형에 알맞다.		
6	의자는 자녀의 체형에 알맞다.		
7	조명은 책을 보기에 적합한 밝기이다.		
8	벽지는 집중을 도와주는 색깔과 문양이다.		
9	야간 자율학습을 방해하는 친구가 없다.		
10	집중을 방해하는 친구와의 트러블이 없다.		

(출처 : 자기경영학습연구소, http://edu1388.co.kr)

자녀를 위한 코치미 - 정현의 이야기

정현이의 책상은 항상 이런저런 물건들로 가득해. 책상 뿐만이 아니라 방 전체가 늘 어질러진 상태지. 어머니가 항상 방 청소를 하고 물건들을 정리 정돈해 주시지만 그래 봤자 3일이나 갈까. 물론 정현이가 게을러서 물건을 사용 후 즉시 제 자리에 가져다 두지 못하는 탓도 있겠지만 다른 아이들에 비해 정현이는 유난히 잡다한 것들을 수시로 꺼내어 늘어놓는 경향이 있어. 공부를 하다가도 다른 데 관심이 가서는 그것들을 꺼내어 놓고, 또 금세 다른 것을 꺼내 책상 위에 늘어놓곤 하지.

때때로 어머니께서 꾸중을 하시기도 한대. 너무 자주 어지르는 것도 있고, 이런 책상 위에서 공부가 제대로 되겠냐는 거지. 그래서 정현은 곰곰이 생각해봤는데, 자기가 공부에 집중을 못하는 이유는 지저분한 책상에 있는 것이 아니고 한 가지에 집중을 못하는 성격에 있다는 결론이 나왔대. 이 일 저 일에 관심이 분산되어 있으니까 이랬다저랬다 행동이 산만해질 수밖에….

정현이는 앞으로 플래너를 사용하면서 의도적으로 한 가지에 집중하는 연습을 하기로 결심했대. 목표를 세우고, 그에 따른 세부계획을 짠 뒤 행동하게 되면 정현이의 산만함이 조금은 개선되지 않을까? 그럼 아마 책상 위도 예전에 비해 한결 깨끗해질 거야.

5. 학습건강전략

우리의 정신 상태는 몸의 영향을 많이 받는다. 선조들은 '몸은 정신의 드러남' 이라 하여 정신과 신체의 통일체로 인간의 몸을 보았고 마음을 수양하기 위한 방법의 일환으로 몸을 수양하였다. 따라서 자녀의 마음을 잡기 위해서는 우선 자녀가 스스로 자신의 몸을 단련하도록 구체적으로 유도해야 한다. 또한 다양한 운동법과 효과적인 건강법의 제시를 통해 도움을 줄 수 있어야 한다.

1) 운동

국민생활체육협의회의 스포츠 7330운동은 일주일에 3번씩

30분간 운동하자는 슬로건 아래 국민건강증진 캠페인을 진행 중이다. 엑시터 대학의 연구 결과에 의하면 일주일에 3번씩 30분간 유산소 운동을 하게 되면 뇌에 평소보다 많은 양의 산소를 전달해주기 때문에 학습능력, 집중력과 사고능력을 15% 이상 끌어 올릴 수 있다고 한다.

자신에 맞는 운동을 규칙적으로 함으로써 체력을 유지할 수 있다. 체력도 중요한 실력의 하나라는 것을 간과해서는 안 된다.

2) 신체 부위별 건강 팁

〈눈〉

장시간 책을 들여다보게 되면 눈이 쉽게 피로해지며 학습에 대한 집중력을 약화시킨다. 그러므로 정기적으로 눈에 휴식을 주어야만 눈의 피로가 풀리고 학습을 계속 할 수 있다. 눈의 피로를 풀어주기 위해서는 1시간마다 정기적으로 책에서 눈을 떼고 먼 곳을 응시하거나 눈을 감고 있는 것이 좋다. 눈의 운동을 통해 또는 지압을 통해 빠르게 피로를 회복하는 방법도 있다. 눈을 감고 눈동자를 상하좌우로 움직이기를 10회 정도 하고 눈 주위 뼈를 손가락으로 눌러주면 된다. 눌러주는 부분이 약간 아플 정도로 해주면 된다. 공부방 조명은 방안 전체를 비추는 간접조명과 탁상용 스탠드를 이용한 직접조명 두 가지를 모두 사용하는 것이 좋다.

〈코〉

코가 건강하지 않으면 쉽게 찾아오는 질병에는 비염과 축농증 등이 있다. 이런 질병은 두뇌에 산소를 원활하게 공급하지 못하게 하고 숙면을 방해한다. 또한 사회생활에서도 문제가 발생하므로 조기에 치료해주어야 한다. 코 질환은 환경과 밀접한 연관이 있다. 즉 집안의 공기 청정도와 습도가 큰 영향을 미친다. 따라서 가습기와 제습기, 공기청정기 등을 활용해 집안의 공기 환경에 신경쓰는 것이 자녀의 비염 예방에 중요하다. 또한 겨울철 날씨가 차가울 때 마스크로 호흡기를 보호해주는 지혜도 필요하다.

지구력이 약하고 끈기가 부족한 아이의 경우 특히 축농증이 없는지 전문의사의 진찰과 상담을 받도록 하자.

〈귀〉

요즈음 많은 청소년들은 작은 소리가 잘 안 들리는 청각 장애로 학습에 어려움을 겪고 있다. 이것은 자기가 좋아하는 음악을 MP3의 이어폰으로 장시간 듣거나 볼륨을 크게 해서 듣기 때문이다. 특별히 주변이 시끄러워 볼륨을 높이면 소음성 난청이 된다고 한다. 시력도 그렇듯이 한번 소음성 난청으로 청력을 잃으면 쉽게 회복할 수 없다. 이어폰으로 학습할 때에도 장시간 사용하지 않도록 중간 중간 쉬는 시간을 잘 지켜야 한다.

〈앉는 자세〉

대부분의 학생들은 좋지 않은 자세로 공부를 하기 때문에 척추가 굽어져 척추측만증으로 발전할 수 있다. 척추측만증은 그 고통으로 인해 장시간 공부를 지속하기 힘들게 하기 때문에 학습에 많은 지장을 가져온다. 평소 쉬지 않고 공부하는 학생들은 정기적으로 쉬는 시간을 갖고 기지개를 펴거나 자리에서 일어나 스트레칭을 해주는 것이 좋다. 집중력을 향상시키는 바른 자세는 처음에는 힘들어도 계속하면 오히려 더 편안함을 느낄 수 있다. 따라서 다음과 같은 자세로 습관을 들이는 것이 좋다. 많은 학생들은 의자에 앉을 때 엉덩이를 빼고 앉는 다. 그러나 이러한 자세는 몸을 망치는 지름길이며 허리에 무리를 주게 된다. 그러므로 의자에 앉을 때는 엉덩이를 등받이에 최대한 붙이고 허리와 목을 곧게 편다. 척추와 목이 일직선이 될 수 있도록 턱을 당기고 어깨는 긴장을 풀고 편안하게 하며 무릎은 자기 어깨 넓이 정도로 벌린다. 그리고 시간이 경과되면서 몸이 불편해질 때에는 앞뒤좌우로 몸을 가볍게 움직이거나 목을 회전하여 긴장을 풀어 준다.

3) 수면

수면은 때로 비생산적인 행동이라고 생각될 수 있다. 깨어 있을 때 한 자라도 더 공부할 수 있는데 잠 때문에 그렇게 하지 못한다고 생각하기 때문이다. 하지만 수면 중에 우리 뇌 속의 해마는 그 날 습득한 정보를 정리하는 역할을 한다. 그래서 잠을 자지 않으면 그 날 많은 것을 공부해서 머리에 집어넣었다 하더라도 정보가 정리되지 않아 필요한 때에 불러내서 사용할 수 없게 된다. 시카고 대학 의학센터 반 카우터 박사팀은 수면 부족에 따른 생리학적 영향에 대한 연구결과를 세계적인 의학잡지 〈란셋〉호에서 "습관적으로 잠이 부족할 경우 인체에서 탄수화물을 처리하거나 호르몬 분비를 규제하는 등의 신진대사 기능이 감소돼 당뇨병이나 고혈압, 기억감소 등 나이와 관련된 질병이 일찍 시작될 수 있다"고 하였다. 적절한 수면을 유지하기 위해서는 깊이 잘 수 있는 환경을 만들어주는 것이 필요하다. 잠에 집중할 수 있는 적정한 정도의 조명과 온도, 습도를 유지해서 쾌적한 상태에서 잠에 들 수 있도록 한다. 또한 적절한 수면을 위해서는 자신에게 맞는 수면시간을 찾아야 한다. 적절한 수면시간의 기준은 개개인마다 다르다. 하루에 4시간만 자고도 맑은 정신으로 하루를 보낼 수 있는 사람이 있는 반면에, 어떤 사람은 8시간을 자고도 개운하지 못한 생활을 할 수도 있다.

계획적인 학습활동을 하여서 자신에게 적합한 수면시간을 알아 볼 수 있다. 1주일 동안 수면시간을 줄여 생활해 보면서 학습성취도를 측정한 데이터와 다음 1주일 동안 수면시간을 늘렸을 때의 학습성취도와 비교해 보면서 자신에게 맞는 수면시간을 찾으면 된다. 이때도 플래너를 활용하면 도움이 된다.

학습력	자유분방 나비 학습형	춤추는 돌고래 학습형	고집 센 원숭이 학습형	성실한 꿀벌 학습형
상	운동을 통한 체력 향상	규칙적인 운동 습관 으로 기초 체력 강화	꾸준한 운동으로 체력 강화	여유의 마음을 가질 수 있도록 플래너를 활용 한 계획적 학습 유도
중	일정한 운동 시간 정하기	막연하게 보내는 공상의 시간보다는 운동을 통한 건강 관리	꾸준한 학습을 위한 체력 강화	장기적인 계획에 따라 우직하게 실천 하기(단기성과에 무리하지 않기)
하	마음의 여유 가지기/ 규칙적인 운동	가족과 함께 꾸준한 운동 습관 유지	적절한 계획으로 성공 체험하기	마음의 병부터 진단 하고 치료하여 건강 한 성취욕구를 가지 도록 한다.

위의 표는 각 학습유형과 학습력에 따른 적합한 학습건강 유지 방법을 한 눈에 보여주고 있다. 규칙적인 운동과 균형 잡힌 식습관이 건강 유지의 비결임은 누구에게나 마찬가지이다.

자유분방 나비 학습형 아이들은 본래 야외 활동을 즐기는 편이다. 해야 할 일에 대한 부담에도 불구하고 지금 당장 노는 것에 대해 거리낌이 없기도 하다. 이들을 책상 앞에 잡아두고 억지로 공부를 시키면 능률이 오르지도 않을뿐더러 건강에도 그다지 좋지 않다. 야외 활동을 즐기도록 놓아두는 대신 학습에 유익한 야외 활동을 할 수 있도록 도와주는 것은 어떨까?

공부 때문에 받은 스트레스를 운동을 통해 해소하도록 하는 것도 좋을 것이다. 이 유형의 아이들은 스트레스로 인한 심적 압박감이 몸의 질병으로 나타나기 쉽다. 특별한 병이 있는 것도 아닌데 잔병치레가 많고 몸이 약한 편이라면 과도한 스트레스를 의심해 보아도 좋다.

춤추는 돌고래 학습형 아이는 편식을 할 확률이 높다. 야외 활동에도 그다지 관심이 없고 오히려 가만히 앉아 생각하는 것을 더 즐기는 편이다. 이들은 건강을 위해 의도적으로 야외 활동을 권장하고 균형 잡힌 식사를 할 수 있도록 돕는 것이 필요하다. 홀로 하는 운동보다는 몇 명이 팀으로 함께 할 수 있는 운동이 더 적합하다. 남학생이라면 농구나 축구 등의 대중적인 구기 종목이 좋고, 여학생의 경우엔 친구와 함께하는 테니스나 수영, 조깅 등을 추천할만하다. 적당한 파트너를 구하기 어렵다면 가족과 함께 하는 것도 좋다. 온 가족이 규칙적으로 집 앞 산책로를 따라 조깅하거나 줄넘기 등을 하면 가족간의 유대감도 깊어지고 건강도 챙길 수 있을 것이다. 혹여 공부해야 할 시간에 밖에 나가 운동을 하는 시간이 아깝게 여겨진다면 어차피 그 시간은 자리에 앉아 공상을 하는 데 쓸 시간이었다고 생각하자. 실제로 그런 공상하는 시간을 확 줄인다면 운동에 할애할 시간을 벌고도 남을 것이다.

고집 센 원숭이 학습형이 해야 할 가장 우선적인 일은 놀이시간과 공부시간을 확실히 구분해서 시간을 보내는 것이다. 완벽주의적인 성격은 한시도 자신을 온전히 쉬게 하지 못한다. 결과지향적 성향 때문에 놀이를 그 자체로 즐기지 못하고 늘 더 좋은 결과를 내기 위한 경쟁과 노력의 과정으로 이해하곤 하기 때문에 놀이조차 스트레스의 원인이 될 수 있다. 이런 모든 종류의 강박관념에서 벗어나자. 건강 또한 자기관리의 중요한 요소 중 하나이다. 공부를 더 잘 집중해서 하기 위해서라도 건강을 챙겨야 하고, 이를 위해 운동을 열심히 하자는 생각으로 여가시간을 온전히 보내는 것이 좋다. 늘 긴장한 상태로는 오랜 시간 공부에 몰두할 수 없다. 결과에 연연하지 말고 과정 속에서 즐거움을 찾기 위해 노력해보자. 게임에서 이기든 지든 그 게임은 과정만으로도 충분히 즐거울 수도 있지 않은가?

성실한 꿀벌 학습형은 강한 책임감 때문에 오는 스트레스를 극복하기 위해 노력할 필요가 있다. 늘 긍정적인 마인드를 가지고 생활할 수 있도록 마인드 컨트롤에 주력하자. 해야 할 일들이 마음의 짐으로 남아있다면 최대한 빨리 그것들을 해결하고 난 뒤 홀가분한 마음으로 놀겠다는 의지를 불태워도 좋다. 건강 유지를 위해 운동을 할 때는 목표를 무리하게 세우지 않도록 한다. 목표를 무리하게 세워버리면 그 목표를 달성해야 한다는 책임감이 동시에 생겨나 스트레스를 유발할 수도 있기 때문이다. 목표를 세우는 방법으로 추천하고 싶은 것은 시간 단위로 세우라는 것이다. '하루에 30분씩 줄넘기 하기'와 같이 말이다. '하루에 줄넘기 1000개씩 하기'와 같이 분량 단위로 짜다가는 그 분량을 다 채울 때까지 무리해서라도 하게 될 가능성이 있기 때문이다. 채우지 못했을 때의 스트레스도 문제다. 이들에게 성실함과 책임감은 최대의 강점이 될 수 있지만 동시에 우선 극복 대상이기도 하다.

건강전략	실천 항목	Y	N
1	하루 3끼 식사를 한다. (아침을 간단하게라도 먹는다.)		
2	최소 2끼는 밥을 주식으로 한다.		
3	과자나 인스턴트 음식은 1주일에 1회 정도 먹는다.		
4	1주일에 3일은 30분씩 운동한다.		
5	수면의 최적의 시간을 알고 있고 숙면을 취한다.		

(출처 : 자기경영학습연구소, http://edu1388.co.kr)

자녀를 위한 코치미 - 정현의 이야기

정현이는 고등학교에 입학하고 나서부터 신경성 위염에 시달리기 시작했어. 공부로 인한 스트레스가 극에 달한 것이라고 봐야지. 그건 아마 정현이가 공부를 하는 이유와 방식 때문일 거야. 정현이는 늘 목표의식이나 동기에 대한 생각보다는 눈 앞에 닥친 시험에서 좋은 점수를 받는 데만 급급해 왔대. 그러다 보니 공부하는 것이 즐거울 리가 없었을 테고. 심지어 공부는 빨리 끝내서 해치워버려야 하는 대상으로 전락하고 말았어. 흥미는 별로 없을지언정 성적은 잘 받고 싶은 마음에 강박적으로 공부를 하게 된 거지.

그런데 현실에서는 기대한 만큼의 성적이 나오지 않았

어. 스트레스는 점점 쌓여갈 수밖에 없었지. 학년이 올라갈수록 성적을 잘 받는 것이 어려워졌고, 그 때문에 고등학교에 입학하고 나서부터 신경성 위염에 시달리게 된 거야. 그 때문에 공부를 하는 것은 더 어려워졌고 성적에 대한 불안도 점차 가중되었지. 아프니까 공부에 제대로 집중할 수 없는 것은 당연하잖아. 스트레스 때문에 배가 아프고, 아프니까 공부는 더 하기가 어렵고, 그 때문에 성적에 대한 불안은 가중되고 또 스트레스를 받게 되고…. 악순환이 아닐 수 없지.

어떻게든 이 상황을 타개해야겠다고 생각한 정현이는 플래너를 쓰기로 결심했어. 눈에 보이는 계획 없이 무작정 공부를 하면 아무리 해도 할 일은 여전히 산더미처럼 쌓여 있는 것처럼 느껴져서 굉장히 초조해지거든. 플래너를 이용하면 무리 없이 소화할 수 있는 적절한 분량으로 나누어 차근차근 공부를 할 수 있대. 당장 받는 스트레스가 모두 사라지는 것은 아니지만 그래도 초조함이나 불안함으로부터 벗어나 보다 편안한 마음으로 공부할 수 있게 되었나봐. 그래서 그런지 예전보다 집중력도 한층 높아졌다고 해. 건강 상태가 호전된 것은 물론이고!

04

행복프로젝트 4단계 - 플래너 활용하기

공부는 실천과는 서로 수레의 두 바퀴와 같다.

그래서 자기 자신도 이롭게 하고 남도 이롭게 해야 한다.

원효

공부를 잘하는 학생들은 동기부여와 시간관리를 중요하게 생각하므로 실천 역시 잘한다. 그러나 공부를 싫어하거나 학습성취도가 떨어지는 학생은 동기부여가 약하고 시간관리가 잘되지 않으므로 작심삼일인 경우가 많다. 성적은 동기부여와 시간관리를 어떻게 하느냐에 따라 좌우된다.

시간관리는 하루 아침에 되는 것이 아니다. 플래너 사용을 통해 효율적인 시간활용 방법을 찾아가고 서서히 습관화해야 한다.

자기 삶을 경영하는 데 있어 성공한 사람들과 그렇지 못한 사람들의 경제적 능력을 살펴보고 자기경영의 중요한 변수인 시간관리에 대해 중요성을 느껴보도록 하자.

유명한 스포츠맨이 1년에 벌어들이는 돈이 100억원이라면 이 사람은 일하는 시간당 540만원을 번다. 전문 의사가 1년에 1억을 번다면 일하는 시간당 5만4천원을 번다. 일반 직장인이 1년에 5천만원을 번다면 일하는 시간당 2만7천원을 번다. 반면에 시간당 5천원인 아르바이트로 1년을 번다면 9백만원을 번다.

이러한 보수의 차이는 어디서 오는 걸까?

누구에게나 시간은 동일하지만 그 시간을 사용한 결과는 엄청난 차이를 가져온다. 이 차이는 시간이 누구에게나 공평하지만 자신이 그 시간을 제대로 관리하지 못한 결과이다. 이 차이는 학생 때 어떻게 시간을 보냈느냐에 따라 많은 부분 결정된다.

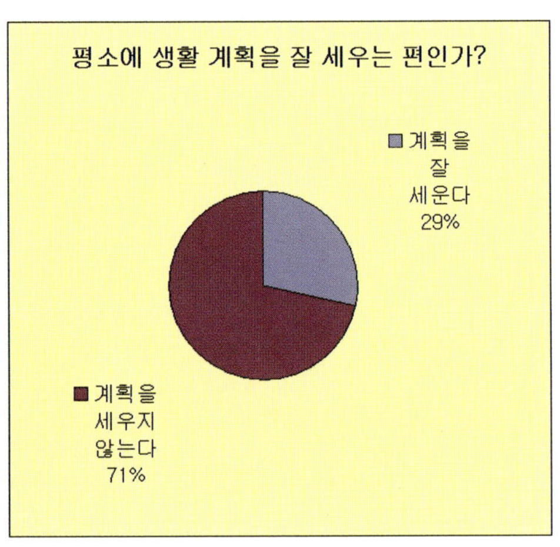

대부분의 학생들은 공부를 잘하고 싶어함에도 불구하고 시

간관리라는 공부의 비법은 제대로 깨닫지 못하고 지나친다. 설문조사에서도 고등학생의 29% 정도만이 생활계획을 세운다고 대답했다. 나머지 71%의 학생들은 특별한 목표와 계획 없이 생각나는 일정과 주어진 일들을 처리하는 것만으로 시간을 바쁘게 보내고 있었다. 이 중에 계획작성 및 플래너의 활용에 대해 회의적인 인식을 가지고 있는 학생들은 계획을 세우지 않는 것에 대해 다음의 도표와 같은 4가지 항목을 들었다.

계획을 세웠을 때의 장점이 무엇인지 모르겠다거나 계획을 세워도 실행되지 않을 것이라는 생각 때문에 계획수립 자체를 기피해왔다는 학생들은 플래너를 통하여 목표의 설정과 달성이라는 경험을 해 볼 수 있도록 도와줄 필요성이 있다.

계획을 세워도 그대로 실행을 하지 못한 학생들은 모든 것을 다 지키려고 계획하지 않아야 한다. 그러면 늘 똑같은 실패를 반복한다. 이는 결국 플래너에 의한 계획을 세우지 않기 때문이다. 해결책으로는 하루 중 가장 중요한 하나를 지키는데 초점을 맞추고 집중 공략해야 한다. 모든 것에 집중하기는 어려워도 하나에 집중하기는 쉽기 때문에 계획을 잘 실행할 수 있다. 이렇게 함으로써 목표의 설정과 달성이라는 경험을 해 볼 수 있다.

자기경영학습을 통하여 성공하는 것은 일부 의지가 강한 학

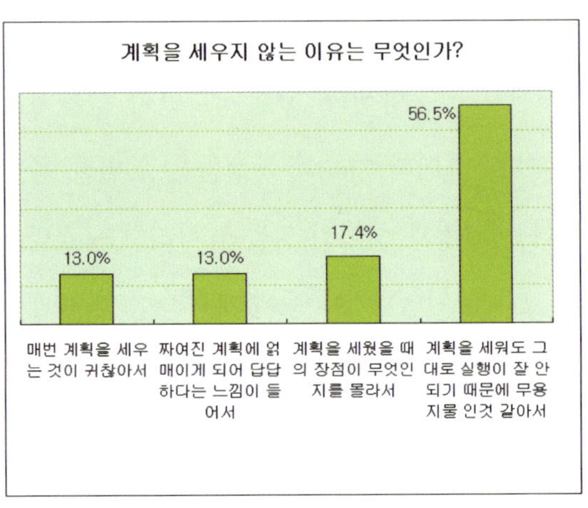

생이나 이해력이 뛰어난 학생일 것이다. 반면에 자신의 공부 스타일을 판단하여 혼자 하기 힘들면 학원이나 과외 등을 통하여 도움을 받을 수도 있다. 유능한 강사가 많은 시간을 들여 준비한 강의내용을 짧은 시간에 내 것으로 만들 수 있다. 이런 방법은 보다 시간을 효율적으로 사용할 수 있을 것이다. 압축된 내용을 짧은 시간에 학습할 수 있기 때문에 상당한 시간을 절약할 수 있다.

고3 수험생 80%가 잠자는 시간을 줄이며 공부시간을 늘려도 막상 성적향상에는 큰 도움이 되지 않는 것으로 나타났다. 대입시험이 코앞에 닥쳤을 때 잠을 줄여가며 공부해도 수면부족으로 오히려 두뇌활동이 떨어져 기억과 이해를 잘 하지 못하게 되기 때문이다. 공부는 평생 해야 하는 것이므로 일정 기간만 열심히 해 보겠다는 생각은 잘못된 것이고 성과도 없다.

꾸준히 공부하려면 매일의 계획이 있어야 하고 이 계획을 쉽게 확인할 수 있어야 하며 실행을 측정할 수 있어야 한다. '전자플래너'는 목표에 따른 계획을 쉽게 작성할 수 있도록 하였으며, 자신의 효과적인 공부법도 만들 수 있도록 실행에 따른 피드백을 제공해 준다. 이 플래너를 매일매일 사용하면 효과적으로 시간을 관리하게 되는 습관을 자연스럽게 가지게 되며 재미도 느낄 수 있을 것이다. 이 전자플래너의 꾸준한 사용 습관은 결국 자신이 진정으로 원하는 것을 얻게 해 줄 것이다.

중학교 2학년 학생인 민주는 플래너를 통해서 효율적인 시간관리에 성공한 케이스이다. 민주의 플래너 사용은 중학교에 입학하던 해의 1월 1일부터 시작되었다. 중학생이 되고부터는 제대로 공부해보겠다는 마음가짐과 굳은 결심으로 플래너를 사용하기 시작해서 지금까지 하루도 빼놓지 않고 써왔다고 한다. 민주가 이렇게 플래너 사용을 꾸준히 이어나갈 수 있었던 것은 플래너 사용을 통해 얻은 긍정적인 효과들 덕분이다. 우선 다음날의 일정을 미리 계획하면서 할 일을 빠뜨리지 않고 꼼꼼히 챙길 수 있었다. 뿐만 아니라 계획된 일정을 보면서 그날 하루 자신의 여유시간과 바쁜 정도를 체크 할 수 있어서 구체적으로 학습계획을 세울 수 있었다. 그렇게 세워진 계획을 실행한 결과 성적 향상에 큰 도움이 되었다. 또한 많은 공부 항목 중에서 어느 것이 급하고 중요한 것인지 우선순위를 선별해서 효율적인 공부를 할 수 있었다.

하지만 이렇게 장점들이 존재한다는 것을 학생들 역시 알지만 실천하기란 쉬운 일이 아니다. 민주 역시 본인의 강한 의지와 결심으로 플래너 사용과 효율적 시간관리를 추구해 왔으나, 그것을 지속해나가는데 종종 어려움을 느끼곤 했다. 그래서 항상 플래너를 눈에 잘 띄는 곳, 손에 가까운 곳에 두고 꾸준히 써야 한다는 자기 암시를 끊임없이 되새겼다. 또한 플래너를 사용하면서 바뀐 공부 습관과 향상된 성적 등 자신에 대한 성취감과 만족감을 크게 느끼면서 긍정적인 효과들을 충분히 체험했고 시험이 끝날 때마다 플래너 사용에 대한 의욕을 높일 수 있었다.

민주의 플래너 사용 성공의 가장 큰 성과는 목표설정을 개선할 수 있었다는 것이다. 플래너를 사용할 때 무엇보다 중요한 것은 플래닝이 단지 시간에 맞춰 밥을 먹고 잠을 자기 위한 일정이 아니라 달성하고자 하는 목표를 이루기 위해서 매일을 계획적이고 효율적으로 운영할 수 있도록 플래너를 활용하는 것이다. 민주는 '공부를 잘해야 한다' 와 같은 막연한 목표설정이 아니라 자신이 최대치로 낼 수 있는 능력을 객관적으로 생각해보고 구체적인 목표를 잡았다. 무엇보다 '2시간 공부하기' 등의 양적인 접근이 아니라 오늘 하루 해내야 하는 공부의 양을 계산하고 자신의 능력치를 고려해서 하루 '영어단어 100개 외우기' 와 같은 수적인 접근을 통해서 구체적인 목표를 효율적인 시간 통제 아래서 이뤄나갈 수 있도록 했다. 시험기간에는 목표 전교등수를 크게 써 붙이고 꾸준히 목표에 자극 받으면서 계획대로 행동할 수 있도록 노력했다.

하지만 이런 다양한 노력들에도 불구하고 1년 넘게 플래너를 작성해왔지만 계획을 100% 달성했던 날은 몇 번 되지 않는다고 한다. 학교생활에 다양한 변수가 존재하기 마련이며 컨디션에 따라 그날의 공부 효율이 달라지기도 하기 때문이다. 그렇기 때문에 계획된 일정들을 먼저 열심히 지켜나가려고 노력해야 하지만 강박관념보다는 융통성을 갖고 접근하는 것이 플래닝을 꾸준히 이어나갈 수 있는 비법이라고 민주는 말한다.

구체적인 플래너 활용 전략은 다음과 같다.

① 목표를 매일 확인하고 자신에게 그 목표를 실행할 수 있

는 능력이 있다고 믿는다.

② 우수계획서를 다운받아 그들이 어떤 과목을 어떻게 공부하였는지 확인한다.

③ 우수계획서의 공부법을 자신에 맞게 수정하여 자신의 공부법으로 만든다.

④ 잠자기 전에 플래너에 그날의 실행결과를 입력하고 성취율을 확인한다.

⑤ 주말에 1주일 동안의 실행결과와 성취율을 확인하고 '나만의 공부법'에 대해 평가한다.

⑥ 부족한 부분이 있으면 실행전략을 수정하여 자신의 공부법에 기록한다.

⑦ 1개월 단위로 피드백 그래프를 통해 자신의 공부법을 평가하여 수정한다.

⑧ 자신의 부족한 부분이 있으면 자기코칭 기법에 따라 스스로 문제해결을 해보도록 한다.

⑨ 스스로 해결하기 어려운 문제에 대해 부모님에게 구체적으로 도움을 요청한다.

⑩ 계획대로 못한 부분이 있어도 장기적으로 생각하며 포기 하지 않는다.

1. 우수계획서 활용하기

자기경영학습연구소 웹사이트에서는 우수계획서를 학습유형별로 학년과 학기별로 제공하고 있다. 경영에서 벤치마킹이라는 것이 있는데, 이것은 다른 기업이 잘하고 있는 것이 무엇인지 조사하여 자신의 회사에서 제품 개발하는데 활용하는 것이다. 우수계획서 활용하기는 학습에서도 이러한 기법을 활용하여 자신의 플래닝을 성공한 플래닝과 비교하여 좋은 것을 자신에게 적용함으로 더 좋은 결과를 얻도록 하는 것이다. 자신만의 계획이 있지만 서울대를 합격한 사람 또는 특목고를 합격한 사람의 실제 공부한 계획과 결과를 참조함으로 효과적인 결과를 얻도록 도움을 받을 수 있다. 우수계획서에는 어떤 학습유형의 사람이 언제 어떤 과목을 어떤 참고서로 어떻게 공부하였다는 자세한 정보들이 제공된다. 성격에 따른 학습유형은 MBTI를 기준으로 하는 것이 정확하지만 이 책에서 제시한 학습유형으로 간단하게 분류했다. 정확하게 성격에 따른 학습유형별로 우수계획서를 선택하고 싶다면 MBTI검사를 받기 바란다. 각 학습유형별로 공부하는 방법이 약간 다르기 때문에 같은 학습유형의 우수계획서들의 사례는 같은 학습유형의 학생들에게 잘 맞을 것이다. 혼자 시행착오를 반복하지 않고 우수계획서를 보고 자신의 플래너로 만드는 것이 시간을 절약하는 방법이며 좋은 공부사례들을 접할 수 있는 기회가 된다.

실제로 많은 학생들은 공부를 하는데 있어서 가장 유용하게 쓰일 수 있는 정보로 공부 잘하는 학생들의 공부법이나 노트를 들었다. 우수계획서는 단지 공부 방법뿐만이 아니라 효율적인 계획표의 가장 좋은 예시를 보여줌으로써 학생들의 공부 의욕을 자극하고 좀 더 쉽게 계획을 세우고 실천할 수 있게 도와줄 것이다.

또한 중요 과목의 각 내용별로 왜 공부해야 하는지 알려주는 서비스를 통해 관심과 흥미를 유발하도록 하였다. 그리고 자신이 작성한 플래너를 웹에 올려서 다른 사람들이 사용하도록 할 수도 있다. 자신의 공부기술이 그대로 들어 있는 플래너를 제공함으로 다른 사람에게 도움을 줄 수 있으며 여러 사람들에 의해

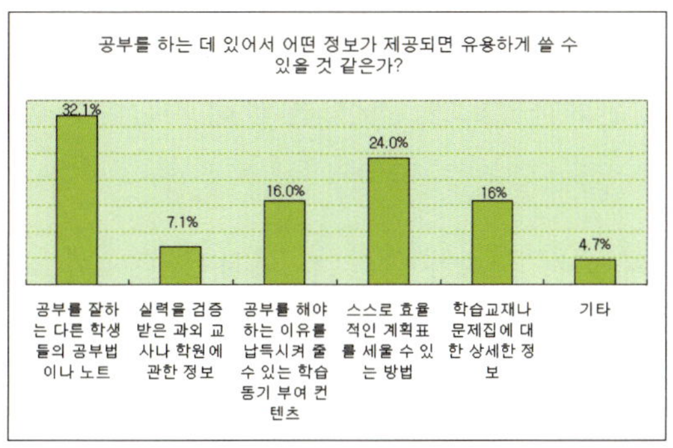

더 좋은 공부기술을 계속적으로 발전시켜 갈 수 있다.

다음은 우수계획서를 활용하는 하나의 예를 보여 주는 것이다.

1. 자신이 원하는 우수계획서를 웹에서 다운받은 후 전자플래너에서 선택한다.

(출처 : 자기경영학습연구소, http://edu1388.co.kr)

선택된 우수계획서의 계획을 확인하고 변경할 것이 있으면 수정한다. 완료하였으면 '저장'을 눌러 기간설정 화면으로 이동한다.

만일 과목에서 교재가 다르면 '과목설정'에서 자신의 교재를 직접 작성하거나 전자플래너에서 제공한 교재를 선택하여 작성한다.

다음은 과목설정 화면으로 교재를 선택하고, 공부를 시작했거나 시작할 쪽수를 수정한다. 진행 쪽수는 현재 공부하고 있는 쪽수를 입력하면 된다. 30분당 공부할 수 있는 분량을 수정하면 그 단원을 공부하는 데 필요한 시간이 계산되어 표시된다.

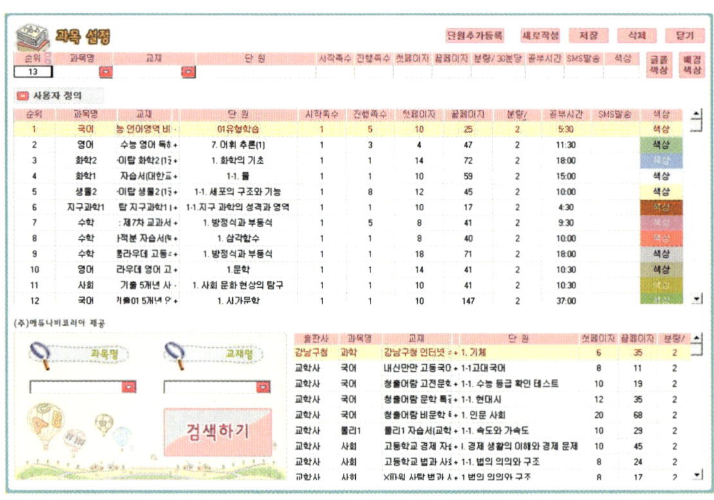

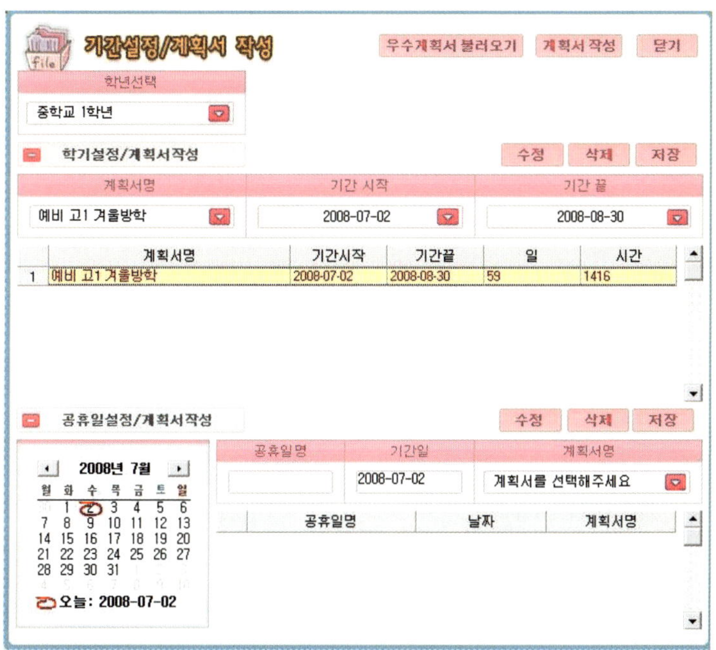

(출처 : 자기경영학습연구소, http://edu1388.co.kr)

기간설정/계획서 작성 화면에서 계획서의 적용 기간을 설정한다.

'계획서 작성' 버튼을 누르면 다음의 화면이 나타난다.

(출처 : 자기경영학습연구소, http://edu1388.co.kr)

'불러오기'를 통해 우수계획서를 불러온다.

앞에서 과목설정을 하였다면 이 단계에서는 요일별 시간대별로 과목 또는 교재를 수정하여 적용시킬 수 있다.

수정 완료하였다면 '작성결과'를 선택하고 각 과목별 공부를 언제 시작해서 언제 완료되는지 확인한다. 만일 자신이 계획한 일정을 초과한다면 '계획서 작성' 단계에서 시간을 더 할애한다거나 30분당 공부할 수 있는 분량을 조정한다. 다음의 화면은 '작성결과' 단계를 보여 준다.

(출처 : 자기경영학습연구소, http://edu1388.co.kr)

자신이 원하는 과목과 기간을 설정하고 공부를 완료하는 기간도 확인하였다면 처음 화면에서 '주간 플래너'를 확인한다.
그리고 단기목표를 확인하여 자신이 만든 플래너를 승인한다.

다른 사람의 플래너를 참고할 수도 있지만 자신만의 플래너
를 작성하는 것이 중요하다. 자세한 내용은 프로그램의 도움말
을 참고하면 된다.

(출처 : 자기경영학습연구소, http://edu1388.co.kr)

2. 나만의 공부법 작성하기

웹 사이트에서 다운로드 받은 학습유형별 우수플래너 안에는 성공 공부법도 포함되어 있다. 그것도 구체적으로 언제 어떤 참고서로 어떻게 공부하였다는 것이 포함되어 있으므로 이러한 정보를 활용하여 공부하면 도움을 받을 수 있다. 이를 바탕으로 자신만의 공부법을 만들어 갈 수도 있다. 우수플래너의 내용 중 자신과 맞지 않는 부분은 스스로 고쳐서 사용하면 된다. 예를 들어 분량 목표가 자신이 생각하는 것보다 많다고 판단되면 자신에게 적절한 분량의 목표로 수정하여 일일, 주간, 월간 목표를 전체적으로 고쳐 나갈 수 있다

(출처 : 자기경영학습연구소, http://edu1388.co.kr)

3. 실행한 사용 시간 기록하기

성공습관을 위해서는 목표설정뿐만이 아니라 매일의 계획 실행여부 및 달성 정도를 기록하는 것 역시 매우 중요하다. 6개월 동안 꾸준히 실행된 성공습관은 자녀의 잠재의식으로 하여금 목표달성 습관을 새로운 행동지침으로 받아들이도록 지도 해야 한다. 이 과정에서 부모와 자녀는 인내심을 갖고 단기에 변화하는 공부습관과 태도를 기대하기보다 장기적인 성공습관을 기를 수 있도록 노력해야 한다. 모든 것이 한번에 변하리라는 생각은 자녀와의 갈등만 더 키울 수 있으므로 부모부터 여유를 가지고 플래너 사용을 지속적으로 확인해주도록 한다.

플래너 활용에서 가장 중요한 것은 오늘에 집중하는 것이다. 목표를 달성하면 그것을 기록하고 평가하면서 자기 자신에 대해 자부심을 가질 수 있게 된다.

만일 오늘 모두 해야 하는데 다른 일 때문에 하지 못한다면 중요한 것부터 하도록 하면 된다. 오늘의 모든 목표를 모두 달성하면 좋겠지만 예외적인 경우가 항상 있으므로 예외적인 경우를 잘 처리하는 것이 플래너 활용을 지속적으로 하는 기술이 된다.

시간기록

	수행날짜	항 목	결과	예정시간	수행시간	예정분량	수행분량	성취율
1	2008-07-02	[과학] 푸른 창공 날아라	완료	1.30	1.30	6	6	100
2	2008-07-02	[영어] 우공비	완료	2:00	2:00	8	8	100
3								
4								
5								
6								
7								

(출처 : 자기경영학습연구소, http://edu1388.co.kr)

그림에서 우공비라는 교재를 2시간 동안 8페이지 계획하였는데 실행을 100%하였다고 입력하면 성취율은 100%로 계산되어 표시된다.

4. 오늘의 목표달성 평가하기

공부를 통해 학교 성적이 올라가기까지 몇 시간이 필요할까? 일정수준의 성적까지는 공부한 시간에 따라 비례하여 나타날 것이다. 하지만 모두가 자신만의 방법으로 치열하게 공부하는 아이들과의 경쟁에서 이기고 일정 수준 이상의 점수를 얻기 위해서는 경쟁자보다 많은 시간을 공부에 투자해야 한다. 그런데 하루의 공부시간은 제한되어 있어서 하루에 경쟁자에 비해 많은 시간을 투자하기 힘들다. 경쟁자보다 많은 시간을 공부에 투자하는 방법은 장기적으로 꾸준히 공부하여 누적되게 하는 것 밖에 없다. 이러한 누적 시간을 확인할 수 있는 기능은 전자플래너에서 제공해 준다. 장기적으로 꾸준히 공부하기 위해서 중요한 것은 오늘의 목표달성을 평가하는 것이다.

오늘의 목표달성을 평가하는 습관이 중요한 것은 자기경영적 사고를 가지도록 할 뿐만 아니라 삶의 재미를 알아갈 수 있기 때문이다.

오늘 학습한 시간을 기록하다 보면 목표성취율을 확인할 수 있게 되는데 80%가 달성되었는지 점검하도록 한다. 만일 성취율이 80%를 넘겼으면 자신에게 보상하고 80%에 미치지 못했으면 원인이 무엇인지 생각하고 해결책을 찾도록 하여 다음 날엔 이런 미달성이 되풀이 되지 않도록 한다. 처음에는 자녀들이 꾸준히 목표달성을 평가할 수 있도록 부모가 검사하고 가이드를 주어야 할 것이다. 그러나 이러한 플래너의 목표설정부터 실행까지 자녀들 스스로 하도록 하여 강제성이 없도록 해야 한다. 부모가 일방적이거나 강제적으로 권유하면 오히려 자녀들을 뒤로 물러나게 하는 역효과를 갖고 오기도 한다.

부모가 매일 자녀의 플래너 사용을 확인할 수 없다면 문자 서비스를 신청하여 자녀의 진행상황을 문자로 받아볼 수 있다.

	과 목	금일목표 시간/분량		주간목표 시간/분량		월간목표 시간/분량	
1	[과학] 푸른 창공 날아라	1:30	9	1:30	9	4:30	36
2	[영어] 우공비	2:00	16	2:00	16	10:00	64
3	[과학] 물상 자습서	0:00	0	0:00	0	0:00	0
4							
5							

(출처 : 자기경영학습연구소, http://edu1388.co.kr)

메인 화면 오른쪽 중간에 표시되는 단기목표에는 금일 목표, 주간 목표, 그리고 월간 목표가 표시된다. 이것을 통해 공부할 시간과 분량을 확인하면서 오늘의 목표달성에 대해 평가할 수 있다.

또한 쉽게 그래프를 보면서 확인하는 것은 다음의 그림을 통해 할 수 있다. 성취율을 한 눈에 볼 수 있는 장점이 있다. 성공지수를 통해 성공에 한 발자국씩 다가가고 있음을 그래프로 확인할 수 있다.

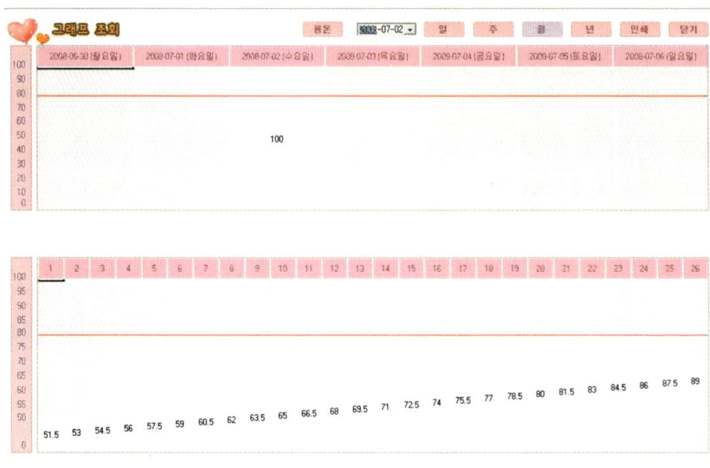

(출처 : 자기경영학습연구소, http://edu1388.co.kr)

5. 자신에게 보상하기

사람은 칭찬과 인정을 받으면 자신감이 생긴다. 그래서 자신이 잘한 것이 있을 때 스스로 칭찬하도록 한다. 부모가 작은 일에 매번 칭찬해 주는 것도 쉽지 않으므로 스스로 조그마한 어려움을 극복한 행동을 칭찬하도록 하는 것이 더 효과적이다.

오늘 달성한 것이 80%를 넘기지 못했다고 하더라도 잘한 것이 있으면 칭찬해주고 자기 스스로도 칭찬하도록 이야기해준다. 또한 성취율에 따라 용돈을 계산하는 기능을 사용한다면 매일의 목표달성에 따라 불어나는 용돈을 확인하며 보상받는 것을 즐기게 될 것이다.

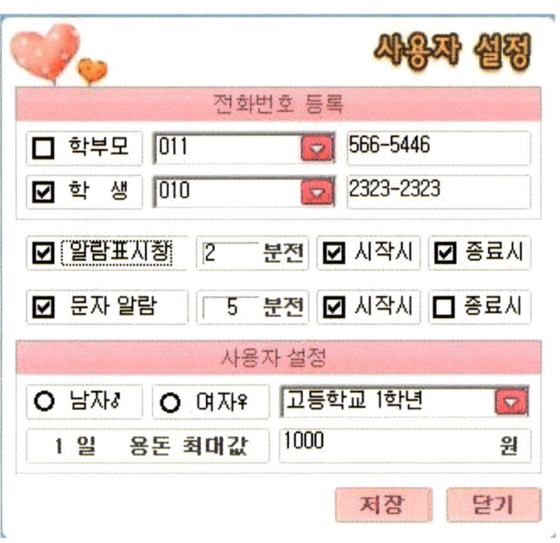

사용자 설정 화면에서 1일 최대 용돈을 설정한다.

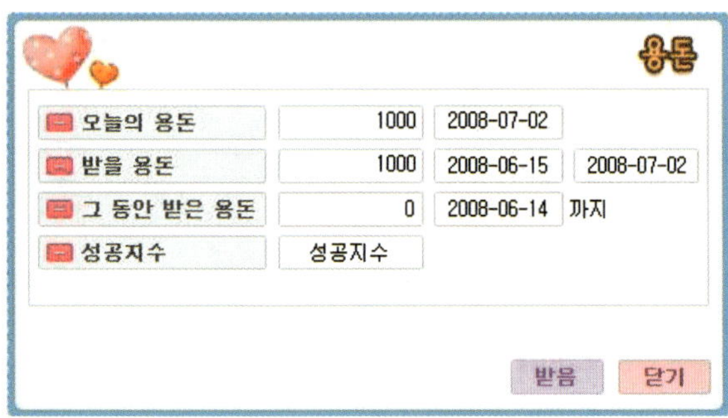

(출처 : 자기경영학습연구소, http://edu1388.co.kr)

6. 내일 목표 점검하기 (필요 시 수정하기)

내일 목표를 점검하고 발생할 수 있는 장애물을 생각해 보
도록 자녀에게 질문을 던진다. 자신의 목표를 미루거나 타협
하지 않도록 점검하되 성취율이 80% 이하로 미달되고 그 원인
이 자녀의 능력에 기인한다면 목표를 80%로 수정하도록 한
다. 오늘의 목표성취율에 따른 주간 목표의 성취가능성을 확
인하면서 내일의 목표를 수정할 수 있다.

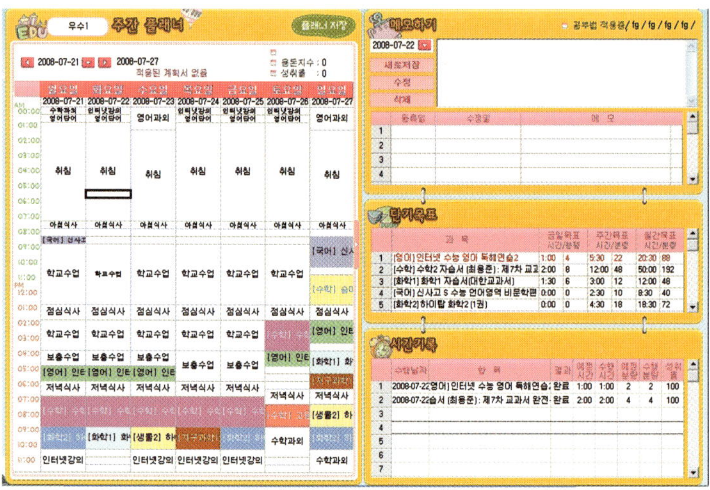

(출처 : 자기경영학습연구소, http://edu1388.co.kr)

7. 의지 강화하기

많은 이들은 자신의 목표와 성공을 위해서 갖춰야 할 첫 번째 조건으로 의지력 강화를 꼽는데 주저하지 않는다. 그것은 학생들도 마찬가지다.

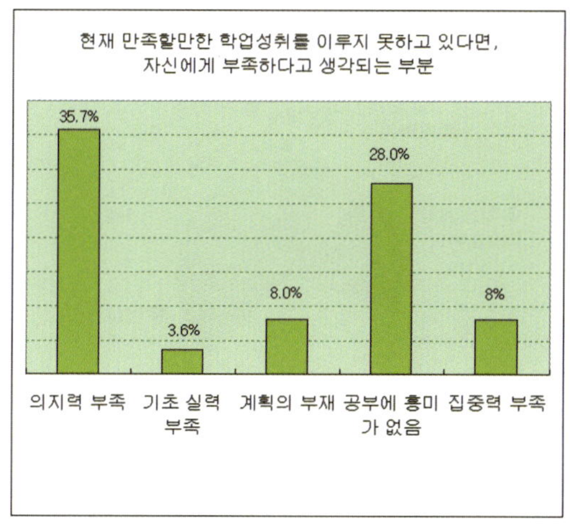

현재 만족할만한 학업성취를 이루지 못하고 있는 경우에 자신이 어떤 점에서 부족하다고 생각하는지를 묻는 설문에서 35.7% 학생들이 본인의 의지력 부족이라고 답했다. 공부를 잘하고 싶고 목표를 달성하고 싶은 욕구는 충분히 내재되어 있으나 그것이 행동을 통해 바르게 실천되지 못하는 원인을 의지력 부족에서 찾은 것이다. 이와 같은 사실은 다른 설문에서도 찾아 볼 수 있다. 공부하는데 자신에게 가장 필요하고 중요한 것을 묻는 데 대해 대부분의 학생들은 학습목표설정이 가장 첫 번째로 필요하다고 대답했다.

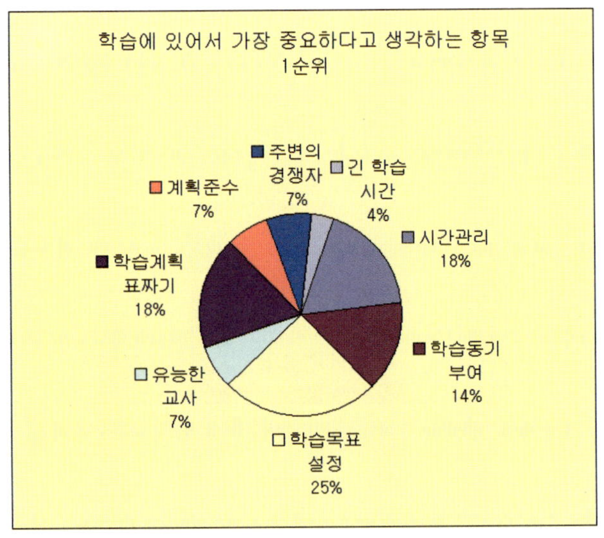

학습목표설정, 학습계획표 짜기, 학습동기부여 순으로 이어지는 학생들의 설문 결과는 구체적인 목표설정과 명문화된 계획, 강력한 동기부여를 통해서 의지력의 강화를 이루고자 하는 모습을 보여준다.

플래너의 사용은 명문화된 자기 서명을 지키고자 하는 의지력과 직결되는 것이다. 지금까지 플래너의 효율성을 바로 알지 못해 학습효과를 거두지 못했다면 이제부터라도 플래너를 올바로 활용하여 학업성취를 성공적으로 이루어 보자.

목표성취에 대한 의지를 강화할 수 있도록 전자플래너 양식과 데이터를 인쇄하여 종이플래너처럼 휴대하거나 책상 앞에 붙여 놓을 수 있도록 했다.

(출처 : 자기경영학습연구소, http://edu1388.co.kr)

플래너 활용	실천 항목	Y	N
1	'SWOT'로 학습방향을 설정했다.		
2	가치 목표설정을 했다.		
3	중장기 목표설정을 했다.		
4	단기 목표설정을 했다.		
5	학습유형에 따라 학습전략을 세웠다.		
6	시간기록을 빠짐없이 하고 있다.		
7	오늘의 목표달성을 확인한다.		
8	성공 시 자신에게 보상한다.		
9	실패 시 원인을 찾고 대책을 세운다.		
10	자신을 칭찬하며 목표성취에 대한 자신의 선언문을 낭독한다.		

(출처 : 자기경영학습연구소, http://edu1388.co.kr)

*** 자녀를 위한 코치미 - 정현의 이야기 ***

정현이가 처음 플래너라는 것에 대해 알고 그것을 사용하기 시작했을 때에는 무작정 그 날의 목표와 해야 할 일을 적은 뒤 이를 실천하려는 노력만 했어. 그런데 이렇게 세운

계획들이 사실은 정현이에겐 모두 해내기에는 버거운 것들이었지. 사실 목표를 정하고 할 일들의 목록을 작성하고 나면 하루가 지난 뒤에 그것들을 다 이루어야 성취감도 들고 홀가분함을 느낄 수 있잖아. 하지만 정현이는 도저히 처음의 계획을 전부 완수할 수가 없었고, 이런 하루하루가 계속 쌓이다 보니 플래너를 사용하는 것 자체에 회의를 느끼기 시작했어.

사실 플래닝에서 계획을 세우는 것보다 더 중요한 것은 피드백이며 피드백의 결과를 통해 우리는 계획했던 목표를 수정할 수 있어야 해. 하지만 이 때 피드백의 과정에서 발생하는 일련의 수정 작업들이 지키지 못한 계획을 미루기 위해 이용되지 않도록 주의해야 해. 피드백이란 열심히 계획을 실천했던 오늘의 경험을 토대로 더 나은 내일을 만들기 위해 필요한 것 아닐까?

노력해도 그다지 성과가 좋지 않은 것 같아서 정현이는 부모님께 도움을 요청했대. 도대체 무엇이 문제인지 진단해달라는 것이었지. 정현이는 자신의 그 동안의 목표와 그것의 달성 정도를 부모님께 말씀드리면서 스스로가 생각할

때의 자신의 문제점을 고백했대. 계획을 잘 짜놓은 것에 비
해 실천력이 부족한 탓에 자꾸만 목표달성에 실패하는 것
같다고 말했지.

그렇지만 부모님의 생각은 달랐어. 부모님이 볼 때 정현
이는 실천력이 부족하다기 보다는 목표에 대한 현실적 인
식이 부족했던 거야. 실제로 할 수 있는 것에 비해 너무 많
은 계획을 세웠기 때문에 늘 목표치를 달성하기 어려웠던
거지. 부모님께서는 처음부터 무리하게 최종 목표를 고수
하고 그에 맞춰 플래너를 짜기보다는 할 수 있는 수준에서
부터 시작해서 천천히 목표치를 올려가라고 권유해 주셨다
고 해.

정현이는 그날 밤 플래닝에 관한 기본적인 규칙들을 다
시 한 번 되새겨보는 시간을 가졌고, 부모님께서 지적해주
신 점을 고쳐서 보다 적절한 플래닝을 하겠다고 마음 먹었
대. 피드백이란 플래닝 만큼이나 참 중요한 것 같아. 피드
백 과정이 없다면 잘못된 플래닝 습관을 고치지 못하고 언
제까지고 악순환을 반복하게 되지 않았을까?

III

피드백

만물의 이치는 다 나에게 갖추어져 있다.
자신을 반성하여 성실히 해 나가면
즐거움이 이보다 더 큰 것이 없다.

맹자

목표추구의 과정과 목표성취율이 측정가능한 수치로 평가되면 피드백 과정의 효과가 높아진다.

피드백은 목표를 설정하고 실행하는 과정에서 만족스러운 진척을 보이고 있는지를 확인하고 그렇지 못하다면 보완조치를 취하려는 데 있다.

피드백을 위해 전자플래너는 계획 대비 성취율을 자녀 또는 부모의 휴대폰에 문자로 발송할 수 있다. 이러한 서비스는 부모에게 자녀의 계획 대비 미진한 부분을 확인하여 보완하게 하고 달성한 부분에 대해서는 격려와 칭찬을 할 수 있도록 한다.

학부모들이 말하는 자녀 양육시의 어려움은 다양한 형태로 나타난다. 목표를 설정하는 과정에서 더 높은 사회적 지위와 안정성을 바라는 부모와 자신의 자아성취감을 높여줄 수 있는 일들을 하고 싶어하는 아이 사이에 갈등이 발생한다. 행복과 성공에 대한 기준 차이가 서로 다르기 때문이다. 부모들은 아이들이 강한 자기주장과 고집을 갖는 시기이기 때문에 의견이 부딪힐 경우 타협하기가 무척 어렵다고 말한다. 실제로 많은 가정에서는 귀가한 아이들이 자신의 방문을 걸어 잠그고 가족들과의 대화시간보다는 자신만의 시간을 보내고 싶어하는 경우를 자주 볼 수 있다. 우리 사회의 48.6%는 맞벌이 가정을 이루고 있는데, 이런 가정의 부모들은 대부분 자녀들과의 대화시간이 충분치 못하여 자녀들에 대한 이해심이 부족한 경우가 발생한다.

전자플래너의 피드백 기능은 학생들에게 자기 점검과 반성의 기회를 제공할 뿐만 아니라 부모들에게도 도움을 줄 수 있다. 부모들은 자녀의 피드백 과정에 참여함으로써 성취비결, 실패요인 등에 대해 대화하고 칭찬과 격려를 해주는 기회를 얻게 된다. 다만 중요한 것은 피드백 과정에 참가하는 것이 결과에 대한 체크나 감시가 되어서는 안 된다는 점이다. 피드백의 목적은 매일매일 자신에 대한 평가를 통해 장단점을 분석하고 더 나은 내일을 계획하는데 있다. 따라서 효과적인 피드백과 긍정적인 변화를 위해서는 자녀의 학습능력과 태도의 변화가 느릴지라도 인내심을 갖고 꾸준히 지켜봐 주는 자세가 필요하다.

05

행복프로젝트 5단계 – 성취율 평가와 보상

나무는 그 열매에 의해서 알려지고,

사람은 일에 의해서 평가된다.

탈무드

플래너에 의한 성취율 계산은 계획시간과 실행시간, 계획분량과 실행분량을 기준으로 측정가능한 수치로 나타낼 수 있는데 그 식은 다음과 같다.

성취율= {(실행시간/계획시간)X0.5 + (실행분량/계획분량X0.5)}

성취율 최대값은 100%가 된다.

즉, 성취율은 목표달성을 위한 시간달성과 분량달성을 50 : 50으로 나눠 합산한 것이다.

예를 들어 계획했던 시간대로 열심히 공부를 했으나 계획분량 대비 실행분량이 50% 수준이라면 성취율은 75%가 되는 것이다. 성취율은 80% 이상이 계속 유지되어야 하며, 80% 이상이면 목표달성이라고 할 수 있다.

성공한 자녀의 부모들은 대개 자신들의 코칭비법으로 '자신감'과 '칭찬'을 이야기한다. 칭찬은 자녀로 하여금 할 수 있다는 자신감과 목적달성에 대한 흥미를 높여주어서 그 자체가 순수한 동기부여의 역할을 했다. 그러나 칭찬은 아무 때나 사용되어서는 안되며 또한 결과에만 치중된 칭찬이어서도 안 된다. 진정으로 자녀에게 효과를 발휘할 수 있는 것은 과정에 대한 칭찬이며, 실패했을 때 격려하는 칭찬이다. 몇 년 전 베스트 셀러가 되었던 캐네스 블렌차드의 책《칭찬은 고래도 춤추게 한다》에서 3톤이 넘는 범고래를 춤추게 한 조련사의 고래반응(Whale Done response) 은 다음과 같다.

① 범고래가 쇼를 성공했을 때는 바로 칭찬해준다.

② 실수했을 때는 잘못을 꾸짖는 대신 관심을 다른 방향으로 돌린다.

③ 연습하고 쇼를 하는 과정 중에 계속해서 격려해준다.

자녀에 대한 칭찬방법과 코칭방법도 이와 같다. 성취율 평가를 위한 부모와 자녀의 대화는 자녀의 학습에 효율적이 되도록 도와준다. 80% 넘는 성취율을 달성했을 때 부모들은 자녀들을 칭찬해준다. 80%를 넘지 못했을 때는 꾸중을 하기 보다 실패요인을 함께 분석해 본다. 예를 들어 목표한 시간 동안 공부하였지만 목표학습량을 지나치게 높이 잡아 계획달성에 실패하였다면 정한 시간 동안은 공부에 집중할 수 있었던 자녀를 칭찬해주면서 목표량을 능력에 맞게 줄여보도록 조언할 수 있다.

1. 성공지수

성공지수는 플래너에 의하여 작성된 매일매일의 성취율을 6개월 단위로 계산하는 방식으로 성공지수의 6개월의 합은 100이 되도록 한다.

성공지수 계산방식은 다음과 같다.

목표가 세워진 경우는 50점에서 시작한다.

6개월은 182일이며, 182일 동안 100% 성취율에 의한 성공지수의 합계가 50점이 되도록 하려면 1일 성공지수 최대값은 0.28이 된다.

1일 성공지수 최대값 = 50 / 182

1일 성공지수 = 1일 성취율 X 0.28

성공지수 = 50 + {D일 성공지수 + (D+1)일 성공지수 + ⋯ +

(D+181)일 성공지수}

목표를 설정하도록 유도하기 위해서 목표가 없는 경우는 50점을 더하지 않는다. 가치(직업, 사랑, 재산, 봉사, 종교), 3년, 1년 목표를 모두 설정하면 50점이 가산된다.

2. 평가에 따른 피드백

2002년 월드컵에서 4강이라는 우리나라 축구의 신화를 만들어낸 거스 히딩크 감독. 24명의 선수들과 스텝들을 월드컵 본선이라는 목표 하에 성공적으로 이끌어 갔던 그의 전략적 비결 중 하나는 '피드백' 이었다. 그는 감독의 입장에서 선수들을 평가하고 기용하는데 그치지 않고 평가의 결과를 선수들에게 직접 전해주었다. 관심과 애정을 담은 그의 예리한 지적, 칭찬과 격려는 선수들이 자신의 상태를 직시하고 구체적이며 현실적인 목표를 갖고 발전해서 월드컵 4강의 신화를 이룰 수 있게 하는 원동력이 되었다. 플래너를 사용함에 있어서도 히딩크와 같은 피드백 전략이 필요하다. 계획의 실천과 마무리는 성공지수와 성취율의 평가를 수치화 하는 데서 끝나는 것이 아니다. 결과들을 토대로 잘못된 부분을 반성하고 성공적인 부분을 칭찬하는 피드백 과정을 통해서 더 나은 내일을 열어갈 준비를 했을 때에야 비로소 끝나는 것이다.

다른 예로, 다이어트를 할 때 매일 체중을 측정해서 벽에 기록하는 사람과 그렇지 않는 사람의 성공확률은 매우 차이가 난다. 매일 체중을 측정하고 벽에 기록하는 것을 통하여 자신의 몸무게의 변화를 확인하고, 이 변화의 진행 추세를 예측할 수 있어서 기대감을 가지게 된다. 이러한 기대감은 끝까지 다이어트를 실천할 수 있는 원동력이 된다.

3. 플래너에 의한 피드백 제공

매일 학습자의 성취결과에 따라 성취율이라는 구체적인 수치로 피드백을 제시할 때 아래와 같은 기준에 따라 하도록 한다.

- ▶ 피드백을 일관되게 할 수 있는 시간으로 정한다. 예로 다음 날 아침 식사시간을 정해서 지키도록 노력한다.
- ▶ 피드백에서 상투적이고 일반적인 용어나 단어 사용을 자제한다.
- ▶ 결과에 대한 피드백만 하지 않고 과정에 대해서도 피드백을 해준다.
- ▶ 과목별 학습시간과 학습량에 따른 구체적인 피드백으로 학습의욕을 높여준다.

(출처 : 자기경영학습연구소, http://edu1388.co.kr)

4. 보상

보상은 외적 보상과 내적 보상으로 구분된다. 외적 보상은 어떤 바람직한 행동에 대해서 외부에서 주어지는 모든 것을 일컬으며, 대표적 예는 용돈 받기이다. 반면에 내적 보상은 개인이 자신에게 부여하는 보상방법으로 자기조절과 내적 도전을 일으키게 하는 근원이 된다. 결과에 대한 만족감, 즐거움, 자신감과 같은 감정들이 내적 보상의 예이다. 마스터(Master, 1977) 는 물질적 보상보다 개인이 스스로 느끼는 내면적 만족감이 더 좋은 효과를 나타낸다고 주장하였다.

물론 개인에 따라서는 외적 보상이 더 효과를 발휘할 수 있다는 여지를 부정할 수는 없지만 내적 보상으로 동기화 되는 학생이 더욱 자기경영 마인드를 갖출 수 있다는 것은 분명하다.

고등학교 1학년인 인범 군은 지난 시험기간에 부모님으로부터 전교 1등을 하게 되면 20만원을 주겠다는 제안을 들었다. 인범군은 20만원이라는 용돈을 받고 싶기도 했지만 그 외적 보상은 이차적인 것으로 여기고 시험기간에 스스로 자신을 가다듬으며 열심히 공부하여 보람을 느껴보고자 하는 소망을 가졌다. 외적 보상에 만족해 버리는 것은 자신에게 큰 도움이 안되고 유치하다고 느껴졌기 때문이다.

많은 부모들이 자식들은 용돈과 선물 같은 외적 보상에만 강하게 반응할 것이라고 예상하는 바와 달리 많은 학생들은 자신이 느낄 수 있는 뿌듯함, 충족감과 같은 내적 보상으로 인해 공부에 흥미를 느끼게 된다고 말한다.

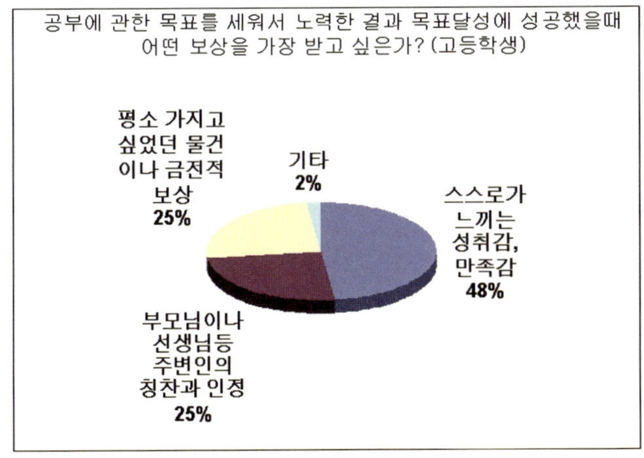

이에 대해 고등학교 3학년에 재학 중인 정혜 양은 돈이나 선물을 받는 것은 좋지만 공부하는 것이 돈이나 선물보다 더 싫고 지루해서 성적을 올리거나 목표를 달성하려는 의욕이 생기지 않는다고 답했다. 그만큼 스스로의 내적 동기가 충분히 갖춰지지 않은 상황에서의 외적 동기부여는 공부에 관한 흥미 및 성취욕구로 연결되지 않는다. 따라서 부모들은 보상에 대한 접근을 학생들의 입장에서 바라보아야 할 필요가 있다. 단지 결과만 바라보고 돈을 건네주는 보상이 아니라 끊임없는 칭찬과 격려, 관심으로 학생 스스로의 자신감과 만족감을 충족시켜 줄 수 있는 내적 보상을 주었을 때 진정으로 동기유발에 성공했다고 할 수 있겠다. 그리고 이러한 내적 성취욕이 근간이 될 때 외적 보상이 더 의미 있게 된다.

● 전자플래너가 제공해 주는 용돈 계산기

이제 외적 보상도 주먹구구식으로 하는 방식에서 탈피하여 성취율에 따라 용돈을 주는 방식으로 전환해 보자.

자기 자신이 작성한 목표계획을 플래너에 작성한 후 매일 시간 기록을 하면 성취율과 성취율에 따른 용돈이 자동 계산

된다.

성취율에 의한 용돈 계산방법은 다음과 같다.

1일 용돈 = 1일 성취율 × 설정된 1일 최대 용돈

예를 들어 어떤 학생이 플래너에 의하여 계산된 성취율이 80%가 나왔고, 하루 최대 용돈을 1,000원으로 하였다면 800원이 그 날에 획득한 용돈이 된다. 1주일이면 5,600원이 된다. 한 달이면 24,000원이 된다.

이 용돈을 주기적으로 아이들에게 지급해주자. 부모님의 기분에 따라 용돈이 불확실하게 지급되는 것보다 아이들의 성취 결과에 따라 규칙적으로 지급된다면, 아이들은 공부가 기업에서 임금을 받기 위해 일하는 것처럼 훈련받게 될 것이다. 현실적인 감각이 떨어지는 자녀들에게 이러한 방법은 경제적인 개념을 심어줄 것이다. 공부를 경제적인 관점으로 바라볼 수 있도록 훈련한다면 보다 창의적인 방법으로 공부하려고 노력할 것이다. 이러한 용돈 지불방법은 단순한 외적 보상하고는 다르다. 공산주의식 용돈 주기에서 자본주의적 용돈 주기로 자녀의 경제적인 관점을 훈련하도록 하자.

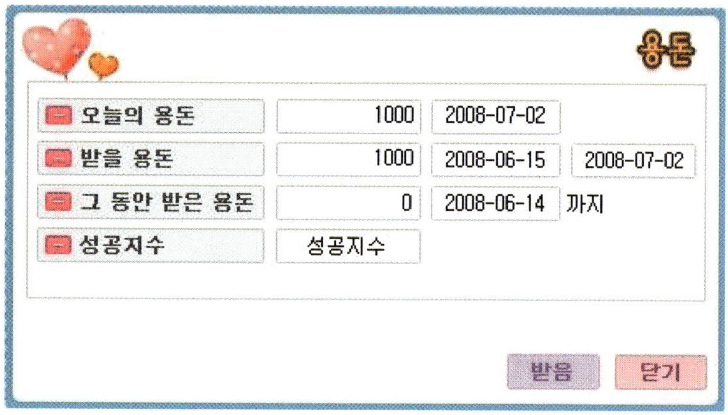

06

행복프로젝트 6단계 - 학습코칭

'코칭' 이란 개인의 자아실현을 서포트하는 시스템이다.

에노모토 히데타케

　자녀를 올바른 길로 인도하고자 여러 가지 말과 행동으로 가르치지만 잘 따라주지 않는 그들을 바라보며 마음 고생을 하는 부모가 많다. 또한 자녀는 자녀대로 부모의 잔소리에 의한 스트레스를 이겨내지 못하고 반항하고 방황하기도 한다. 이러한 문제를 해결하기 위하여 새로운 대화기술인 '코칭'을 활용하여 학습코칭 프로세스를 만들었다.

　학습코칭은 누구나 저마다의 가능성과 잠재능력을 갖고 있다는 믿음에서 출발한다. 아무리 공부를 못하더라도 이 세상을 성공적으로 살아갈 가능성과 잠재능력은 누구나 보유하고 있다. 다만 성공으로 가는 길이 각자 다를 뿐이다. 부모 또한 자기 스스로가 코치가 되어 질문하고 경청하는 역할을 해주어야 한다.

지금 부모의 생각으로 자녀의 문제를 해결하려고 시도해서는 안 된다. 주변을 바라보며 전문가들의 의견을 듣고 자신의 생각을 계속 진보시켜야 한다. 그래야 자신의 시각에만 고착되어 풀 수 없었던 문제에 대해 다양한 해결의 가능성을 찾게 되는 것이다.

지금까지의 전통적 대화법은 지시, 명령, 질책이었지만 학습코칭 대화법은 경청, 인정 및 칭찬, 질문, 제안이다. 즉 아이의 말을 경청하고 적절한 질문을 통해 다양한 시각을 열어주고 스스로 탐색하며 정리하고 전략적인 행동을 찾을 수 있도록 제안하는 것이다. 학습코칭은 인생을 살아갈 기본구조를 튼튼히 세우는 것이다.

"학습코칭은 개인이 잠재능력을 발견하고(Self-Ask), 자신이 원하는 목표를 설정하고(Self-Seek), 스스로 전략적인 행동(Self-Action)을 하도록 도와주는 수평적이며 협력적인 대화모델이다."

2004년 청소년 통계의 결과에서도 알 수 있듯이 청소년들은 표면적으로 부모와의 갈등이 있을지라도 실제로 현실적, 감정적인 많은 부분들을 부모와 가장 가깝게 공유한다.

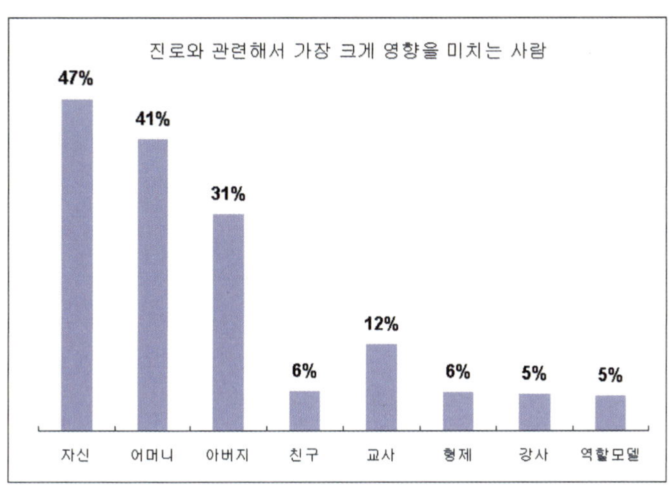

〈 (사)한국사회조사연구소, 2004 청소년 통계 - 진로와 관련해서 가장 크게 영향을 미치는 사람 (복수응답 가능) 〉

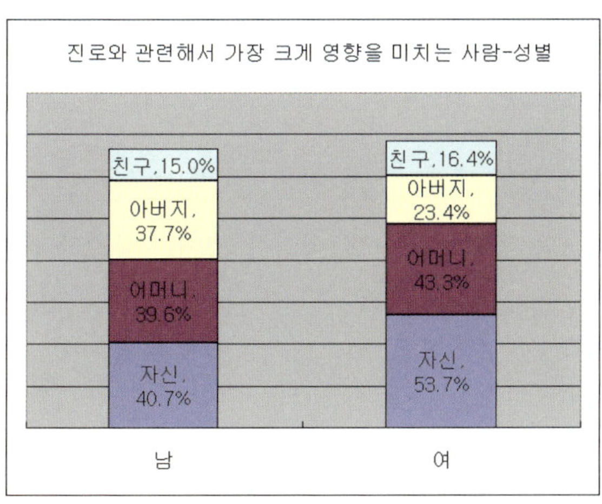

〈 (사)한국사회조사연구소, 2004 청소년 통계 - 진로와 관련해서 가장 크게 영향을 미치는 사람 (성별구분) 〉

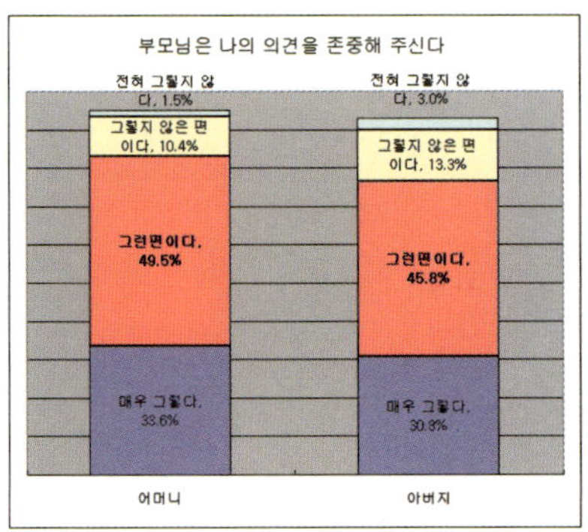

〈 (사)한국사회조사연구소, 2004 청소년 통계 - 부모님은 나의 의견을 존중해주는가? (어머니와 아버지의 경우) 〉

부모는 자녀가 신뢰할 수 있는 가장 가까운 사람으로서 자녀와 함께 목표를 설정하고 목표달성 과정에서 힘이 되어줄 수 있는 믿음직스러운 코치의 역할을 해야 하는 것이 무엇보다 중요함을 알 수 있다.

루이즈 펠튼 트레이시가 지은《매일 부모를 열 받게 하는 10대 자녀와 행복해지는 법》이라는 책에서 아래와 같은 10가지 원칙을 말했다.

1. 아이의 성장을 인정하고 부모도 변하라.
2. 자녀의 문제는 자녀에게 맡겨라.

3. 해결해 주지 말고 도와주어라.

4. 명령하지 말고 협조를 구하라.

5. 비난하지 말고 설득하라.

6. 강요하지 말고 의논하라.

7. 학교에서의 문제는 스스로 결정하도록 하라.

8. 싸우지 말고 공감하라.

9. 성 문제에 대해 솔직하게 대화하라.

10. 부모가 행복해야 자녀도 행복하다.

위의 원칙들은 전반적으로 자녀의 문제를 부모가 직접 해결해주지 말고 도와주어야 함을 말하고 있다. 그것이 부모와 자녀가 동시에 행복해질 수 있는 길이다. 성과가 눈에 띄게 나타나지 않더라도 처음에 자녀가 스스로 문제를 해결해 나갈 수 있도록 학습코칭을 활용해 도와주면 나중에는 외부의 도움 없이도 자연스럽게 자기 문제를 스스로 해결하게 될 것이다.

또한 좋은 학습코칭은 목표달성에 초점을 맞춘 행동을 자극한다. 좋은 부모는 자녀가 스스로 변화를 주도해 나가고 그에 대한 책임을 지도록 돕는다. 이를 위해 부모는 자녀와 대화하기 위해 인내심을 가져야 하는데 대부분의 부모가 여기에서 주저앉는다. 이를 극복할 수 있는 결정적인 답은 충분한 휴식 뒤에 코칭을 하는 것이다. 피곤한 상태에서는 자녀와 인내심을 가지고 대화하기가 힘들기 때문에 부모가 먼저 육체적, 정신적 피곤함을 풀고 나서 자녀와의 학습코칭 대화에 임하는 것이 좋다. 자녀들의 입장에서도 부모가 행복하고 건강해 보일 때 마음의 안정을 가지고 깊은 대화를 할 수 있다.

좋은 학습코칭을 하기 위해 무엇보다 중요한 것은 자녀의 특성을 이해하는 것이다. 특히 자녀의 나이에 따른 특성을 잘 파악하고 이해하고자 노력해야 한다.

대개 청소년기에는 공부가 힘들다 보니 게임을 통해 시간을 소진하는 경향이 있는데, 부모들은 이를 탐탁하게 여기지 않아 갈등의 시발점이 되기도 한다. 일반적으로 자녀의 인생에 깊이 간섭하려는 부모 밑에서 자라는 자녀들은 욕구가 억압되어서 게임에 탐닉하며 삶에서 회피하려는 태도를 보인다. 그러므로 부모들은 강압적으로 지시하거나 사적인 부분까지 깊이 간섭하려고 해서는 안 되며, 청소년기 자녀들이 건강한 자아성장을 위해서 그들의 성장통을 스스로 이겨낼 수 있도록 지켜봐 주는 것이 때로는 필요하다.

사춘기를 겪는 시기에는 육체적으로 성호르몬의 분비와 신

체의 급속한 성장으로 나사가 풀린 것처럼 멍한 상태의 증세
를 가끔 보이기도 하는데, 이 단계를 이해하지 못하면 부모들
은 자녀와 다투게 되고, 갈등이 커지는 이유도 여기에 있는 것
이다. 이런 증상은 몸의 변화를 뇌가 쫓아가지 못해서 발생한
것으로서 두세 달이 지나면 사라지는 경우가 대부분이다. 이
럴 경우 자녀들도 불안해 할 수 있으므로 증상의 원인을 알려
주고 스스로 해결할 수 있도록 코칭하는 것이 필요하다.

학습코칭의 방법을 보다 명확하게 이해하기 위해서는 멘토
링, 컨설팅, 그리고 개별상담과의 차이점을 비교함으로 보다
분명하게 알 수 있다. 멘토링은 멘토와 멘티의 관계가 수직적
관계로 경험과 지식이 풍부한 멘토가 멘티를 1대1로 전담해
지도 조언하면서 실력과 잠재력을 계발시키는 것을 말한다.
학습코칭은 수평적 관계로 스스로 문제를 해결하며 자신의 결
정에 책임을 지고 수행하도록 조력하는 것이다.

컨설팅은 무엇(what)에 집중하여 문제를 진단하고 해결책
을 제시함으로 목표를 달성할 수 있도록 하지만 학습코칭은
누구(who)에 집중하여 그가 스스로 문제의 원인을 찾고 가능
한 해결책을 모색하며 변화를 위한 결단을 하고 피드백 하도
록 한다.

개별상담은 과거지향적으로 문제의 원인을 찾아 상처를 치유하는 과정인데 반해 코칭은 미래지향적으로 자신이 원하는 것을 찾게 하고 목표를 달성할 수 있는 동기부여와 열정을 가지게 한다.

이처럼 학습코칭의 가장 큰 장점은 자아실현의 욕구를 충족시켜 줄 수 있다는 것이다. 부모의 코칭을 받는 자녀들은 그들 스스로 목표를 설정하고 계획을 세우며 이룬 과정을 통해 자아실현의 성취감을 느끼게 될 것이다.

실제로 청소년 통계에서도 볼 수 있듯이 많은 청소년들은 자신에 대한 존경, 즉 자아실현의 기반이 되는 자신감과 자존감의 성립이 필요함을 느끼고 있다. 그러므로 부모는 성적 향상과 같은 당장의 목표가 아니라 자아실현의 욕구를 충족시킬 자신감을 불어넣어줄 때 자녀의 만족은 물론 부모의 만족도 이루어지게 된다.

자녀의 자아실현 욕구를 충족시키고 보다 큰 목표를 향해 나아갈 수 있게 도와주는 학습코칭 대화기술과 방법론에 대하여 다음과 같이 적극 추천한다.

첫 번째, 자신의 경험과 지식에 따른 대화의 주도는 자제 해야 한다. 대화를 할 때 자녀가 80%이상 이야기 하도록 질문하

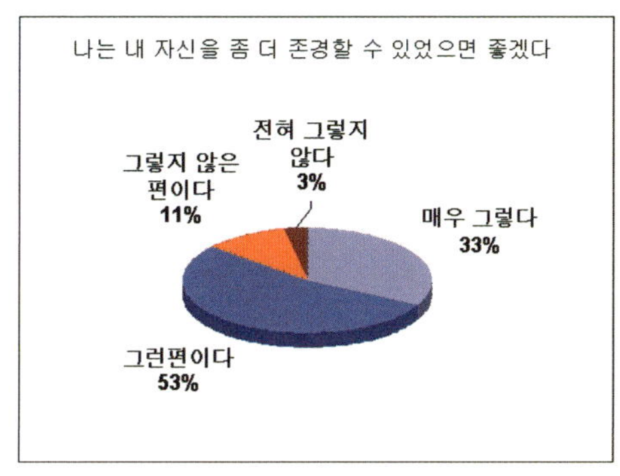

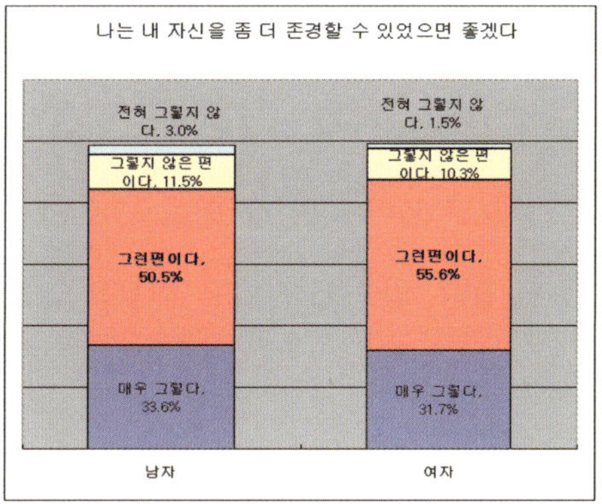

〈 (사)한국사회조사연구소, 2004 청소년 통계 - 나는 내 자신을 좀더 존경할 수 있었으면 좋겠다. (성별구분) 〉

고 경청하며 자신의 이야기는 20%이하로 줄여야 한다. 단, 내성적인 자녀의 경우는 말 하는것 자체를 힘들어 함으로 적절히 기다려주면서 대화해야 한다.

두 번째, 공감적 경청을 하도록 한다. 공감적 경청이란 말하는 사람이 이해 받고 있다고 느끼게 해주는 것이다. 내용을 재정리하거나 감정을 반영해 응답하거나 적절한 질문을 하는 것이 필요하다.

세 번째, 긍정의 힘을 사용한다. 말은 우리의 생각을 이야기하는 것이며 말하는 사람의 믿음을 반영하는 것이다. 긍정적이고 희망적인 말을 하게 되면 거기에 가까워지게 되며, 부정적인 말을 하면 진짜 그렇게 된다. 오싹하지 않은가?

네 번째, 칭찬을 많이 한다. 칭찬을 하면 자신감이 높아지고 자신에게 더 좋은 결과를 위해 적극적으로 노력하게 된다. 이 평범한 사실은 참으로 많은 위인을 만들었고 이 사회의 행복한 리더를 만들어 왔다. 반면에 비난을 해보라. 그러면 자녀들은 오히려 자신감이 줄어들고 어떤 일이든 시도하기 꺼려하고 소극적으로 행동하게 되어 원하지 않던 결과를 반복하여 만들어 내게 된다.

다섯 번째, 감정을 자제하고 인내하고 배려한다. 학습코칭을 하면서 감정을 자제하는 것이 처음에는 쉽지 않을 것이다. 아이가 하는 말이나 행동이 너무 답답해서 순간적으로 감정이 폭발할 수도 있다. 그러나 자녀를 진정으로 사랑한다면 자신의 감정을 조절할 수 있어야 한다. 그 이유는 자녀가 원하는 속도로 따라오지 못한다고 하여 감정적으로 대하고 비난하기만 한다면 자녀는 더욱 자신감을 상실할 것이기 때문이다. 사랑은 오래 참는다고 하였다. 그리고 그 사랑의 인내는 좋은 열매를 맺게 될 것이다. 항상 자녀에 대해 인내하고 배려하며 존중하자.

다시 한번 인내하고 배려하며 존중해야 함을 기억하자.

학습코칭은 질문에서 시작하여 질문으로 끝난다.

질문의 능력을 키우기 위하여 도로시 리즈의 질문의 능력에서 말한 《질문의 7가지 힘》이라는 책에서 그 비법을 터득해 보기로 하자.

1. 질문을 하면 답이 나온다
2. 질문은 생각을 자극한다
3. 질문을 하면 정보를 얻는다
4. 질문을 하면 통제가 된다
5. 질문은 마음을 열게 한다
6. 질문은 귀를 기울이게 한다
7. 질문에 답하면 스스로 설득이 된다

자녀로부터 "어떻게 하면 좋을까요?"라는 질문을 받으면 대답하는 것이 아니라 다시 자녀에게 질문을 던져주어야 한다. 즉 "너라면 어떻게 하겠니?"라는 식으로 되받아 치는 것이다. 질문의 힘을 이용하기 위하여 학습코칭의 프로세스에 따른 다음 예제들을 살펴보고 사용해 보자. 또한 이 책을 읽어 내려가는 중에 더 좋은 질문이 떠오르면 메모해 두었다가 사용해 보자.

Ask

- 나의 잠재능력 찾기

- 나의 열정은 어디를 향하고 있는가? 아직 자신의 열정이 발휘되지 않다고 느낀다면 그 이유는 무엇인가?

- 지금 나의 관심은 어디에 있는가?

- 다른 사람들이 나를 칭찬하는 요소는 무엇인가? 그것은 자신이 생각했던 본인의 잘하는 점과 동일한가?

- 자신을 가치 있게 만들 수 있는 나만의 특징은 무엇인가? 그것은 앞으로 더 많은 발전가능성을 가지고 있는가?

- 다른 사람이 아직 알지 못하는 나만의 잘하는 점은 무엇인가? 자신이 어떠한 상황에 처할 때 잠재능력이 더 발휘

될 수 있을 것 같은가?

- '나' 라는 사람을 한가지로 표현하자면 어떤 특성을 꼽을 수 있겠는가?

- 성공(자신이 원하는 것을 행복하게 얻는 것)을 위해 내게 필요한 모든 기술(공부, 운동, 음악적 재능, 관계, 특기 등) 중에서 가장 큰 도움이 될 기술은 무엇일까?

- 어떤 기술에서 최고가 되면 내가 상위 그룹으로 가는데 가장 큰 도움이 될까?

- 내가 개발하고 습득한다면 다른 어떤 기술보다도 내 소득을 두 배로 만드는데 가장 큰 도움이 될 한 가지 기술은 무엇일까?

- 내 자신이 계획하고 달성한 일중에서 가장 진한 성취감을 느꼈던 적은 언제인가?

- 인생을 지배하는 법칙은 믿음인데, 자신에 대한 믿음이 있는가? 만일 없다면 무엇 때문인가?

- 내 마음은 무엇에서 가장 크게 힘을 얻는가?

- 내가 가장 소중하게 여기는 가치는 무엇인가?

- 초점 맞추기

- 성공의 진정한 의미는 무엇인가?
- 자신을 기쁘게 해주기 위해 어떤 일을 하고 싶은가?
- 지금의 상황을 만든 원인은 어디에 있다고 생각하는가?

  - 생각이 원인이고 당신 삶의 '상황(conditions)' 은 결과
    이다.

  - 생각을 바꾸면 자신의 인생도 바꿀 수 있다.

- 성공한 사람들은 대부분의 시간에 무슨 생각을 할까?

  - 자신이 원하는 것이 무엇이고, 이를 어떻게 하면 얻을 수
    있는지를 주로 생각한다.

  - 성공한 사람들은 자신이 원하는 것과 그것을 얻을 수 있
    는 방법에 대해 생각한다.

- 나는 자신이 진정으로 원하던 비전을 찾는 여행을 시작
  하였는가?

  - 이 여행은 사막에서 오아시스를 발견하는 일이다. 쉽게
    찾을 수도 있지만 대부분 어렵고, 어떤 사람은 평생 찾지
    못할 수도 있다.

- 자신에 대한 아무리 사소한 노력이라도 하는 것과 자신
  의 미래에 대해 무관심한 것 중에서 어느 쪽을 택하고 싶

은가?

- 시도하지 않으면 결코 성취할 수 없다.

- 실패를 경험한 적이 있는가?

- 진정한 실패는 다시 일어서지 않는 것이다. 크게 실패하는 사람이 크게 성공할 수 있는 것은 실패를 기꺼이 받아들이고 거기서 배우기 때문이다. 늘 공부하는 사람만이 성공할 수 있다.

- 자기 자신을 소중히 여긴다는 것은 무엇일까?

- 자신의 일에 최고가 되겠다고 결심해라.

Seek

- 실행전략

- 자신은 현재 어떤 목표를 성취하기 위해 노력하고 있는가?

- 나의 목표는 내가 투자하는 시간과 노력만큼의 가치가 있는가? 만약 그렇다면 이유는 무엇인가?

- 그 목표달성은 나에게 어떤 의미를 갖는가?

- 그 목표를 달성하면 나는 어떤 성취감을 느낄 수 있겠는

가?

- 나는 그 목표를 달성하기 위해 지금 어디쯤 와 있다고 생각하는가?
- 나의 가치관에 비추어볼 때 어떤 선택이 가장 바람직하다고 생각하는가?
- 지금 잘하는 사람도 과거에는 완벽하지 못했던 시간이 있었음을 알고 있는가?
- 자신에게 알맞은 학습방법은 어떤 것들인가?
- 목표달성을 위해 제일 처음에 해야 하는 것은 무엇일까?
  - 해야 하는 모든 일을 리스트로 만들어야 한다.
- 오늘 우선적으로 할 일은 무엇인가?
- 나의 현실을 어떻게 하면 더 긍정적으로 변화시킬 수 있을까?

- **스트레스 요소**
- 학습계획을 실행함에 있어서 방해가 될 요소로 무엇이 있을까?
- 하나의 조치, 하나의 행동이라도 계획을 바로 시작하는 것을 방해하는 것은 무엇인가?

- 계획을 매일 실천해 나가는데 가장 어려운 점은 무엇인가?
- 내 인생에 가장 크고 긍정적인 영향을 미치게 될 한 가지는 무엇일까?
- 목표달성을 위해 노력하는 때에 자신에게 어떤 점이 가장 부족하다고 생각하는가?
  - 부족한 점을 고치려면 무엇을 하는 게 좋을까?
- 자신감의 부족으로 해낼 수 있는 능력보다 훨씬 낮은 목표치를 설정하고 있지는 않은가?
- 어떤 일을 추진함에 있어서 잘 포기하게 되지는 않는가? 매번 포기를 선택하게 되는 이유는 무엇인가?
- 내가 혼자 해결할 수 없는 어려움에 처했을 때 가장 먼저 나를 도와줄 수 있는 사람은 누구일까? 도움을 받고 나면 목표를 향해 계속해서 노력할 수 있을까?

Action

- 플래닝

- 목표달성을 위한 구체적인 계획을 문서화시킨다면 그 계

획을 더 쉽게 자신에게 적용시킬 수 있지 않겠는가?

- 하루 동안 자신이 달성한 목표와 달성 정도를 체크 할 수 있는 평가기준을 가지고 있는가?
  - 달성 정도의 평가는 학습에 대한 동기부여를 주고 자신에 대한 객관적 정보를 전해줌으로 내일의 목표달성을 향한 발판이 되지 않겠는가?
  - 평가기준이 존재한다면 매일의 학습계획을 자신의 상황과 목표달성 정도에 맞게 지속적으로 수정해 나가고 있는가?
- 생각을 머릿속에만 지니고 있는 것과 눈에 보이게 표현하는 것 중에 어느 것이 더 효과적으로 자신을 움직이게 하는가?
- 오늘 나에게서 변화된 것은 무엇인가?
- 자신의 시간관리 능력에 대해 객관적으로 평가해 본적이 있는가?
- 세부목표를 공부량과 자신의 상황에 맞게 장단기 목표로 나누어 구분하고 설정하였는가?
- 자발적인 공부의 결과가 다른 이의 칭찬이 아닌 자신의 기준에 의해 평가 받은 적이 있는가? 있다면 성취감을 느

낄 수 있었는가?

- 애매하게 말로 된 목표보다는 객관적 수치 혹은 세분화
  등을 통해 구체화된 목표가 달성 의욕을 높여주지 않는
  가?

- 동기유발로 마무리

- 나는 지금 진정으로 원하는 일을 하고 있는가? 또는 계획
  하고 있는가?
- 어떻게 하면 공부를 더 잘 할 수 있을까?
- 게임의 재미를 공부에서 찾아 보려면 어떻게 하면 될까?
- 자신의 목적지를 모른 채 비행기를 조종하는 조종사와
  같이 삶의 목표가 존재하지 않는다면 그 삶에서 행복과
  보람을 찾을 수 있겠는가?
- 전략적인 목표설정과 계획의 수립이 긍정적인 결과를 가
  져오고 있는가? 앞으로도 꾸준히 계획을 이뤄나가고 싶
  은가?
- 자신의 삶을 자랑스럽게 이야기 할 수 있는가?
  - 자신의 행동을 자랑하지 못한다면 그것은 가치가 있는
    것인가?

자녀를 위한 코치미 - 정현의 이야기

정현이에게는 그때 그때 하고 싶은 일은 있었지만 인생의 목표가 없었어. 따라서 장기적인 계획을 세우고 규칙적인 학습 습관을 들여야 한다는 동기부여가 잘 되지 않았지. 반면에 초단기적으로 하고 싶은 일이 생기면 이에 대해서는 높은 집중도를 보이며 공부를 해왔단다. 이를테면 시험기간을 생각해봐. 당장 눈앞에 시험이 닥쳐오면 정현이는 좋은 점수를 받기 위해 벼락치기 공부를 했고, 고도의 집중력과 의지로 인해 나름 좋은 성적을 받을 수 있었어. 하지만 그렇다고 해서 100% 만족할 만큼의 좋은 결과가 나온 것은 아니었지.

문제는 아마 여기에 있을 거야. 정현이는 짧은 시간 동안 높은 집중력을 발휘할 수는 있었지만 그 상태를 꾸준히 이어나가는 데 장애를 겪고 있었다고 할 수 있지. 정현이의 부모님께서는 우선 인생에 대한 장기적인 목표를 대략적으로나마 그린 뒤 이를 위해 세부계획을 세우는 식으로 플래닝을 하라고 조언해 주셨대. 그런데 사실 인생의 목표를 하루아침에 만족스럽게 정할 수는 없는 거잖아? 굉장히 막연한 문제이기도 하고 말이야.

정현이의 부모님께서는 정현이에게 수시로 질문을 던져 주셨대. 또한 정현이가 어떤 것에 관심을 보이는 눈치면 그것에 관해 진지한 대화를 하고자 노력하셨고. 다만 머릿속으로만 생각하고 끝날 것이 아니라 글로써 구체화시키고 확실히 함으로써 목표를 보다 뚜렷하게 가질 수 있도록 도와주셨다고 해. 정현이는 미처 다 알지 못하지만 우리 주변에 산재한 여러 체험 기회 등을 알아봐 주시기도 했지. 사실 많은 경우에 직접 경험해보지 않고서는 자신의 재능이나 적성을 찾기 어렵단다. 정현이의 부모님은 정현이가 당장 학교 성적을 어떻게 받는가 보다는 정현이가 진정으로 원하고 또 잘 할 수 있는 것이 무엇일까를 정현이와 함께 고민해 주셨던 거야.

이런 과정들을 거쳐가면서 정현이의 자기경영학습 지수는 놀라울 만큼 향상됐어. 정현이는 여전히 완벽한 계획을 세우고 완전히 실천하지는 못하고 있지만 처음에 비해 훨씬 더 의미 있고 효과적인 플래닝을 할 수 있게 되었다는 건 확실하지!

07

행복 누리기

성공에는 아무런 속임수도 필요 없다.

나는 언제나 주어진 일에 전력을 다했을 뿐이다.

다만 보통 사람들 보다 약간 더 양심적으로 노력했을 뿐이다.

카네기

1. 진정한 행복은? - 하루하루의 목표 달성하기

　많은 부모들이 인생의 성공이 곧 행복이라 생각하고 자녀들에게 성공을 꿈꾸며 매진할 것을 당부한다. 하지만 우리들이 꿈꾸는 성공의 모습은 저마다 다르다. 혹자는 돈을 많이 벌어 부자가 되는 것을 성공이라고 생각할 수도 있고, 다른 누군가는 행복한 가정을 꾸리는 것을 성공이라고 여길 수도 있으며, 또 다른 누군가는 사회적인 명예를 얻는 것에서 성공을 찾을 수도 있다. 어떤 삶이 진정으로 성공한 삶인지를 가늠하고 측정할 수 있을까? 이 세상에 성공의 확실하고 유일한 기준이 존재했다면 모든 사람들은 하나의 목적을 추구하는 획일적인 삶을 지향했을 것이며, 그들의 인생은 모두 성공 아니면 실패라는 꼬리표를 달고 있었을 것이다.

성공의 사전적 정의는 '목적하는 바를 이룸' 이다. 한 개인이 자신의 목표를 설정하고 노력하여 그 목표했던 바를 이루게 된다면 그것이 곧 성공이 될 수 있다. 무엇을 목표로 설정하는지는 순전히 당사자인 개인에게 달려있다. 그리고 개인은 자신이 생각하는 가치에 절대성을 부여하려는 속성도 지닌다. 그래서 때때로 타인에게 자신의 가치를 권유하고 심하면 강요를 하기도 한다.

아이들은 어려서부터 부모와 다른 사람들로부터 인생에서 성공해야 한다는 이야기를 많이 듣고 자란다. 성공의 의미를 사전적 정의에 국한시킨다면 틀린 말은 아닐 것이다. 그럼에도 불구하고 아이들은 성공해야 한다는 말에 과도한 스트레스를 받기도 하며 때로는 반발심을 보이기도 한다. 왜 그럴까?

그 원인 중 하나로서 우리는 '목적하는 바' 를 스스로 정할 수 없기 때문이라고 생각하고 있다. 어른들은 자녀들의 행복을 위해서라는 명분아래 자신의 가치체계를 아이들에게 주입시키거나 강요하는 경향을 거침없이 나타낸다. 그것은 인생경험을 통해 정립된 자신의 의식체계가 자녀들보다 현실적이고 바람직한 것이라고 믿기 때문이다. 하지만 부모가 자녀들의 인생을 대신 살아 줄 수 없다. 따라서 자녀들의 인생목표를 부모가 대신 설정해 주겠다는 것은 어불성설이다.

아이가 보다 나은 조건과 위치에서 살아가기를 희망한다면 아이가 스스로 그러한 조건과 위치를 획득하기 위해 노력할 수 있도록 동기를 부여하는 데 힘을 쏟아야 한다. 습관적이고 반복적인 강요는 반발과 거부라는 역효과만을 불러온다. 내가 경험을 통해 체득한 사실이 말 몇 마디로 아이에게 절실하게 전달될 것이라고는 생각하지 않는 것이 좋다. 경험하지 못한 부분에 대해 제삼자가 절실히 느끼기 어렵다는 것을 우리 모두는 알고 있어야 한다.

성공하기 위해서 자신만의 성공의 정의를 내려라. 막연하게 성공하겠다는 생각만 가지고 있다고 해서 인생의 성공이 저절로 손에 쥐어지는 것은 아니다. 가장 먼저 해야 할 것은 내가 진정으로 하고 싶은 일이 무엇인지, 잘 할 수 있는 일은 무엇인지에 대해 깊이 생각한 뒤 그것을 바탕으로 구체적으로 달성가능한 목표를 세워야 한다. 그리고 매일매일 목표달성을 이루어 나간다면 행복은 눈앞에 나타날 것이다.

목표를 설정할 때 또 하나 주의해야 할 것은 지금 내가 세우고 있는 이 목표가 과연 최종적이고 본질적인 목표인가 하는 점이다. 목표달성이 하나의 기반이 되어 다른 목표를 향해 가는데 이용되는 중간 목표가 아니라 달성 그 자체로 더 이상 바라는 바가 없는 궁극적인 목표설정이 필요하다는 말이다.

이를테면 대부분의 중고등학생들이 가진 목표는 원하는 고등학교나 대학에 합격하는 것이다. 그러나 그들이 대학에 입학하고자 하는 것은 입학 그 자체로부터 만족감이나 행복을 느껴서가 아니라 더 좋은 직업을 갖는 데 도움이 되고 양질의 심화된 공부를 할 수 있는 환경이 주어지고 사회진출의 창구가 생겨 사회적인 입지를 넓힐 수 있다고 생각하기 때문이다. 대학 입학은 최종적 인생의 목표가 될 수 없고 다만 그 목표를 향해 나아가는 데 일조할 수 있는 하나의 중간 목표가 될 수 있을 뿐이다. 그렇다면 대학입학은 인생의 최종 목표로는 적합하지 않다는 것이다.

막연하게 부자가 되는 것을 꿈꾸는 사람도 있을 것이다. 돈을 많이 버는 것이 인생의 목적이라고 말하는 사람에게 돈을 버는 것 그 자체로 더 바랄 것이 없느냐고 묻고 싶다. 만약 그렇게 번 돈으로 다른 어떤 것을 하고 싶기 때문에 부자가 되고 싶은 것이라면 그의 인생의 목표는 '부자' 에 있는 것이 아니다. 내가 진정으로, 또 궁극적으로 원하는 것이 무엇인지 깊게 생각해보길 권한다. 피천득의 수필 '은전 한 닢' 에 나오는 주인공처럼 단지 다른 아무런 이유 없이 은전 한 닢을 손에 쥐어보고 싶어서 오랜 시간 노력을 들이는 사람이 과연 몇이나 있겠는가? 그 은전을 이용하여 다른 무엇인가를 얻으려 하는 순간 은전의 획득은 도구적 목적으로서 최종 목표를 향해가는 선 상에 있을 뿐이다. 만약 생의 목표를 이러한 도구적 목표로 정한다면, 그 도구를 획득하는 시점에서 당신은 만족감보다 허무감을 더 많이 느끼게 될 것이다.

나에게 있어서 진정한 인생에서의 성공이 무엇인지 숙고하자. 그것이 바로 성공으로 가는 가장 의미 있는 첫 걸음이 될 것이다.

목표를 설정하고 난 뒤라도 그 목표를 향해 나아가는 과정상의 일들이 모두 즐거울 수는 없을 것이다. 시시때때로 우리는 어려움과 회의, 그리고 포기하고 싶은 유혹에 빠질 수 있다. 지금 당장 내가 목표달성을 위해 하고 있는 공부보다는 영화를 보는 것이 더 재미있고 만화책이 읽고 싶기도 할 것이다. 순간적인 만족감은 영화나 만화책으로 인해 생길 수도 있을 것이다. 그러나 뒤이어 후회가 밀려온다면 당신은 잘못된 선택을 한 것이다. 순간의 욕망에 굴복하여 뒤늦은 후회를 하는 일은 이제 그만두자. 무엇이 더 중요한지, 무엇이 더 우선적인

지 늘 생각하자. 그리고 생각한 것들을 일관성 있게 실천하는 것이 꼭 필요하다. 실천의 절반은 의지로, 나머지 절반은 습관으로 하는 것이다.

무엇인가를 하기 위해선 그 시간에 할 수 있는 다른 무엇인가를 포기해야만 한다. 그것이 바로 기회비용이며 대가지불이다. 매일 나는 목표에 한 발짝 다가가기 위해서 어떤 대가를 지불하고 있는지 되돌아보자. 여기에서 대가는 목표를 달성하기 위해 포기했던 모든 일을 포함한다. 지불한 대가가 크면 클수록 나에게 돌아오는 보상도 크리라는 믿음을 가져야 한다. 당신이 그 많은 것들을 포기하고 하루의 목표달성에 성공한다면 그 때 느끼는 성취감은 배가될 것이다.

하루하루의 목표달성이 모이고 쌓여서 최종적으로 성공을 맛보게 될 수 있을 것이다. 할 때는 즐겁고 재미있는데 끝나고 나면 더 없이 허무한 일도 있는가 하면 당장은 괴롭고 지루하지만 그것을 끝내는 순간 굉장한 성취감과 만족함을 느낄 수 있는 일도 있다. 진정한 성공을 위해 우리는 어느 쪽을 선택해야 할까?

하루하루의 목표달성은 고작 하루만하고 그만둔다면 목표달성에 성공한 그 하루마저 무의미해진다. 작은 목표는 큰 목표를 이루는 과정상에 있기 때문에 작은 목표 각각은 큰 목표를 이루는 부분으로서 의미를 가지기 때문이다. 하나의 목표를 향해 가는 여정 속에서 우리는 그 목표를 상실하지 않고 멋지게 실현하기 위해 매일 매일 그날의 목표를 달성하는 데 힘써야 한다. 그리고 그것이 단 일회적 이벤트로 끝나지 않도록 의지를 가지고 지속적인 노력을 기울여야 한다.

2. 6개월의 목표달성

성공습관이 우리 몸에 배기 위해서는 어느 정도 시간이 필요한데, 이 기간을 최초 목표달성일로부터 6개월 후로 잡는다. 6개월이라는 기간을 기준으로 정한 것은 그 정도 기간에 걸쳐 목표를 위한 일일 실천을 꾸준히 해야 그것이 습관으로 굳어질 수 있는 적절한 기간이기 때문이다. 6개월간 별 문제 없이 꾸준히 실천을 해왔다면 성공습관이 몸에 근육으로 형성되어 보다 자율적으로 실천을 해나갈 수 있는 체력이 다져지게 될 것이다.

그 동안의 매일매일의 목표달성 점수로 지난 6개월간의 목표달성을 위한 계획과 실천의 노력을 평가 받았다면 그 평가 결과에 따라 적절한 보상을 받거나 앞으로 어떻게 지속적인 노력을 할 것인지에 대해 생각해보아야 한다.

그 동안 많은 장애물이 있었음에도 불구하고 열심히 노력해서 이만큼의 성취를 이루었다면 자신감을 가져도 좋다. 지금 여기까지 이루어 온 작은 성공들은 앞으로 무한한 자신감을 낳는 보배가 될 수 있다.

초기 목표의 달성에 실패했다면 가장 먼저 해야 할 일은 실패의 원인 분석이다. 자신이 지닌 어떤 점이 목표달성을 방해하였는가, 주변 환경적 요인은 없었는가, 무엇이 문제인지 스스로 알고도 고치지 못한 것인가, 아니면 문제점을 찾지 못해 이런 결과를 초래했는가 등을 생각해보아야 한다.

'목표는 강하고 의지는 약하다' 는 말을 기억하라. 목표를 확실히 세웠다고 해서 그 목표의 달성을 위해 나아가는 길이 늘 순탄한 것은 아니다. 때때로 외부적인 요인 때문에 어쩔 수 없이 포기하거나 좌절하게 될 수 있지만, 우선 근본적인 문제를 자기 내부에서 찾아야 한다. 나 자신을 온전히 통제하고 관리할 수 있게 된다면 그것으로 자신이 할 일은 끝난 것이다. 이것이 바로 자기경영이다.

자신의 문제점을 파악했다면 이제 그 문제를 해결할 방법을 모색해야 한다. 플래너를 이용해보자. 단순히 플래닝을 하는 데서만 그치지 말고 그것을 실행에 옮긴 뒤 개선할 점은 개선해나가는 식으로 발전을 도모해야 한다. 나약한 의지 탓에 당초 계획을 제대로 지키지 못했다면 플래너에 좀 더 집중하자. 때때로 의지가 약해진다고 느껴지면 처음 목표를 설정했던 당시의 의욕과 희망을 상기해보는 것이 좋다. 만약 플래닝이 비효율적으로 되어 목표달성에 실패한 경우라면 그 동안의 경험을 통해 자신에게 보다 적합한 플래닝을 할 수 있도록 해야 한다. 너무 많은 계획도 너무 적은 계획도 바람직하지 않다. 자신이 무리 없이 소화할 수 있는 정도의, 혹은 그보다 약간 더 많은 계획을 짜고 실행에 옮기는 것이 가장 효과적이다.

일단 한 번 실패를 경험했으니 이를 거울 삼아 도약의 발판을 마련한다는 마음자세도 가져야 한다. 과거의 실패를 지나치게 의식하여 미래를 좀먹는 우를 범해서는 안 된다. 오히려 역전 드라마를 창출하는 기회로 삼을 수 있는 기회가 될 것이기 때문이다. 이번의 실패가 다음의 성공으로 될 수 있도록 충분한 피드백의 시간을 가지도록 한다.

이제 지난 6개월간 내가 무엇을 목표로 해서 구체적인 계획들을 수행해왔고, 그것이 어느 정도의 성공률을 보였는지를 종합적으로 분석하여 다음 6개월간의 목표를 결정할 필요가 있다.

3. 다음 6개월의 목표 점검하기

목표는 최대한 현실적으로 정해야 한다. 자신의 목표를 미루거나 적당한 수준에서 타협하여 너무 낮게 잡거나 지나치게 높게 잡는 등의 행동은 삼가는 것이 좋다. 목표를 설정하고 계획하는 이 모든 과정은 자신이 원하는 목표를 달성하기 위한 것이다. 좁은 시야를 가지고 단기적으로 목표를 낮게 설정해서 그 이상의 성취도를 보인 뒤 물질적인 보상을 요구하려는 의도로 목표 수준을 타협하려 하는 것은 상당히 어리석은 일이다. 당장의 물질적인 보상보다 장기적인 자신의 목표에 더 관심을 가져야 한다.

4. 행복습관 유지하기

하루 하루가 의지에 불타고 의욕이 넘치는 나날일 수는 없다. 누구든지 하고자 하는 의지는 시간이 흐를수록 약해지기 마련이다. 꾸준히 목표달성을 위해 하루를 계획하고 실천하게 만드는 원동력은 불타는 의지가 아닌 몸에 밴 습관이다. 그런데 습관은 하루 아침에 형성될 수 없는 것이기에 지속적인 노력이 필요하다.

습관을 만들기 위해서는 우선 그런 습관을 가지게 됨으로써 얻을 수 있는 결과가 자신에게 얼마나 가치 있는지를 인식해야 한다. 이를 위해 가장 효과적인 방법은 한 번이라도 목표달성에 성공해봄으로써 그로 인한 행복감, 자신감, 만족감 등을 느껴보는 것이다. 한 번 맞 본 행복의 가치를 잘 알고 있다면 계속 그것을 얻기 위해 노력할 수 있을 것이기 때문이다.

성취 후의 행복감에 중독된 사람이라면 항상 목표의 달성을 위해 매진하게 될 것이다.

긍정적인 측면에서 행복감의 강조로 접근하는 것도 효과적이지만, 반대로 목표달성에 실패했을 때의 좌절이나 패배감을 부각시켜 그런 기분을 느끼고 싶지 않게 만드는 것도 좋다. 목표달성에 실패하면 약속되어 있던 물질적 보상을 받을 수 없게 될 뿐만 아니라 정신적으로도 상당한 좌절감을 맛보게 될 것이다. 어느 누구도 이런 기분을 느끼고 싶어하지는 않을 것이다. 아이들이 목표달성에 대한 절실함을 못 느끼는 이유는 목표에 도달하지 못했을 때 어떻게 될 지에 대해 막연한 생각만을 가지고 있기 때문이다. 즉, 상황의 심각성을 그 상황에 실제로 처해보기 전까지는 알지 못한다는 것이다.

이와 같은 한계점은 간접 경험을 통해서 아이가 문제의식을 스스로 느낄 수 있도록 함으로써 해결해야 한다. 가능한 한 목표미달 시 느끼게 될 자아실망감의 문제를 크게 인식하도록 유도하는 것이 좋다. 아이가 이로 인해 경각심을 느끼고 행복으로 가는 습관을 들이는 데 도움을 받을 수 있다면 그렇게 해야 한다.

　목표의 설정과 계획, 실천, 그리고 피드백 과정은 전 인생에 걸쳐 계속 반복되는 것이다. 그렇게 함으로써 얻게 되는 본질적 보상인 행복감, 만족감, 자신감 등을 지속적으로 누리기 위해 우리는 행복프로젝트를 통해 행복습관을 들이고 유지해 나가야 할 것이다.

부록 : 학습코칭용 질문 및 칭찬 보상

1. 행복프로젝트 1단계 코칭 - 자기분석

코치미(부모님/선생님)	학생	보상/칭찬
친구들이나 선생님께 자랑스럽게 이야기 할 수 있는 너의 잘하는 점은 뭐라고 생각하니?	글쎄요? 별로 없는데요.	작은 장점도 크게 확장해서 말하다 보면 큰 장점으로 커진단다. 예로 사전준비를 철저히 한다, 컴퓨터를 잘 다룬다, 친구들을 잘 이해한다,
이 세상에 완벽한 단점과 완벽한 장점은 없단다. 네가 지금 단점이라고 생각하는 너의 일면도 잘 활용하면 장점이 될 수 있어. 그러기 위해선 어떻게 하는 게 좋을까?	단정을 장점으로 바꾸기 위한 방법 말인가요?	그렇지! 정말 이해를 잘하는구나! 찬스를 활용해 단점을 보완하면 더 멋있는 사람이 되겠지! 어떠니 해보고 싶지 않니?
시험시간에 문제를 풀면서 어떤 점이 가장 힘드니? 시간이 모자라거나 어려운 문제에 아예 손대지 못하겠니? 아니면 모르는 문제는 없는데 실수가 잦은 것 같니? 시험 보면서 느낀 부족한 점을 고쳐나가면서 너에게 잘 맞는 공부 방법을 같이 찾아보자.	무척 긴장되어서 실수를 많이 해요.	시험 보면서 느끼는 긴장감을 놀이공원에서 느끼는 스릴과 비교한다면 어떨까? 긴장된 시험을 즐길 수만 있다면 세상이 더 아름답게 보이겠지!
잘하는 것과 좋아하는 것의 차이는 무엇일까? 넌 무엇을 잘하고 무엇을 좋아하는 것 같니? 둘이 서로 다르다면 어떻게 해야 할까?	잘 모르겠어요.	조용히 생각해보면 마음에서 원하는 것이 있을 거야 그것이 잘하는 것과 만나면 시너지효과를 발휘하여 굉장한 결과를 가져올 거야!
네가 생각할 때 네 못하는 점이나 나쁜 습관은 무엇인 것 같니? 고치고 싶은데 마음처럼 잘 안 되는 부분들이 있지 않아?	공부하고 싶은데 잘 안 되요.	공부를 하고 싶은 생각을 가진 것만으로 이미 반은 성공한 거야! 그런데 지속적으로 공부에 집중할 수 없는 것은 여러 가지 원인이 있지. 자신을 탐색해서 어떤 원인인지 하나씩 밝혀보면 어떨까?

(출처 : 자기경영학습연구소, http://edu1388.co.kr)

2. 행복프로젝트 2단계 코칭 - 목표설정

코치미(부모님/선생님)	학생	보상/칭찬
요새 가장 재미를 느끼는 일은 뭐니? 특별히 하고 싶은 일은 없어?	그다지 없어요.	재미라는 것은 내가 관심을 가지면서 더 커지는 거란다. 책을 읽고 관심 있었던 것을 이야기해줄래?
이 다음에 커서 하고 싶은 일을 하는 데 학교 공부가 어떤 도움이 될 것 같아?	내가 하고 싶은 일과 큰 상관이 없는 것 같아요.	하고 싶은 일과 관련된 것에 관심을 가지고 찾는 것은 자기경영 마인드를 갖춘거란다. 그런데 그 일을 폭넓게 창의적으로 하려면 다양한 과목을 통해 기초지식을 습득해야 한단다.
빌 게이츠 같은 사람을 보면 어떤 생각이 드니? 그 사람은 단지 돈을 많이 벌었기 때문에 성공한 사람이 된 걸까?	그런 사람들은 뭔가 특별한 게 있는 것 같아요.	너에게도 특별한 것이 있단다. 그것을 목표로 해서 집중하면 빌 게이츠처럼 큰 성과를 이룰 수 있는 거란다.
세상에는 하루하루를 힘들게 살아가는 아이들이 많이 있잖니. 네가 그런 아이들을 위해서 함께 아픔을 나누고 도울 수 있는 능력들이 있다면 어떤 점일 것 같니?	시간을 내서 그들과 함께 지내며 성장하는데 도움을 주고 싶어요.	정말 아름다운 마음을 가졌구나! 그들을 성장시키기 위해 마음을 만질 수 있어야 하는데 그것을 위해 어떤 능력을 길러야 하겠니?
어른이 되면 어떤 모습으로 살아가고 있을 것 같니? 상상해보자.	내가 하고 싶은 일을 위해 빨리 어른이 되었으면 해요.	그러니. 정말 네가 어른이 되었을 때를 상상해 보면 기대가 되는구나! 그러면 그것을 막연하게 상상만 하지 말고 구체적으로 계획을 세워보면 어떨까?
꼭 가고 싶은 고등학교(대학교)가 있니? 왜 그 학교에 가고 싶어?	글로벌 시대에 외국어를 잘하기 위해 외고에 가고 싶어요.	정말 잘 생각했구나! 너는 한국이 낳은 세계적인 사람이 될 거야! 그러면 외고에 가기 위해 무엇이 필요한지 확인하고 일정을 계획해 보자.

(출처 : 자기경영학습연구소, http://edu1388.co.kr)

3. 행복프로젝트 3단계 코칭 - 학습전략 세우기

코치미(부모님/선생님)	학생	보상/칭찬
복잡한 수학 공식이 잘 외워지지 않아서 힘드니? 공식은 왜 공식일까? 어떻게 생겨나게 되었을까? 어떻게 외우면 오랫동안 정확하게 기억할 수 있을 것 같아?	공식은 세상에서 가장 어려운 것 같아요.	재미라는 것은 내가 관심을 가지면서 더 커지는 거란다. 수학에 재미가 없었다면 공식을 네가 좋아하는 게임의 전략과 같은 것이라고 생각해 보렴. 게임을 잘하려면 전략을 상황에 따라 신속하게 사용할 수 있어야 하는 것처럼, 공식도 문제에 따라 빠르게 활용할 수 있어야 하지. 공식은 복잡한 세상의 현상들을 간단하게 정리한 것이기 때문에 공식을 이해하려면 꺼꾸로 복잡한 세상 현상에서 공식을 도출한 과정을 알아야 해.
머리가 나빠서 못한다는 생각이 든 적 있어? 공부든 무엇이든 어떤 일을 하는 데 있어 가장 중요한 건 좋은 머리일까? 극복할 방법은 없을까?	공부 잘하는 것은 꼭 머리에만 있는 것 같지는 않아요.	언어적인 센스가 뛰어난 너를 보면 즐거워지지. 너는 언어적인 지능은 뛰어난 편이지. 따라서 너는 머리가 나쁜 것이 아니란다. 그리고 공부는 머리가 좌우하는 것이 아니라 관심과 반복학습이 잘 되어 있으면 성적은 자동으로 향상된단다.
특별히 수업 내용을 따라가기 어려운 과목이 있니?	수학과 영어죠.	가장 중요한 과목을 파악하고 있구나. 알고 있겠지만 이 과목 들은 앞에서 배운 내용들을 알고 있어야 따라 갈 수 있기 때문에 미리 예습하면서 모르는 것을 인터넷 강의를 통해 미리 공부하면 좋겠지.
사소한 일이라도 무언가를 잘 해내서 매우 기뻤던 적이 있으면 이야기 해보자. 다시 더 잘 해보고 싶다는 생각이 들었니?	사회는 재미있어서 공부를 많이 했더니 성적이 좋았어요.	사회를 좋아하니? 사회를 누구보다도 잘 이해하겠구나. 탁월한 성과는 관심을 가지는 것에서 시작하지. 그러면 더 효과적인 방법을 찾게 되고 몰랐던 것을 알게 되고 연관이 없던 것이 서로 관련되어 있는 것을 알게 될 때 기쁨으로 보상을 받지. 이러한 작은 기쁨이 공부하는데 에너지가 되어 큰 성과를 거두게 되지.

(출처 : 자기경영학습연구소, http://edu1388.co.kr)

4. 행복프로젝트 4단계 코칭 - 플래너 활용하기

코치미(부모님/선생님)	학생	보상/칭찬
계획은 머릿속으로 잘 세워 놓은 것 같은데 막상 실행을 하다 보니 예상대로 잘 안된 경험이 있니? 뭐가 문제였을까?	잊어버려요. 하지만 그것이 잘못된 것이라고 생각해요.	너는 정말 겸손한 사람이구나. 자신의 잘못된 점을 반성할 수 있으니 말이야. 세상은 실수를 반복하는 사람을 용서하지 않는단다. 실수를 반복하지 않으려면 어떻게 하면 되지?
시험기간에 시험공부를 하려고 보면 할 게 굉장히 많은 것 같아서 계획 없이 한꺼번에 공부하려고 하면 힘들 것 같구나. 공부계획을 짜보는 건 어떨까? 해야 할 것들을 조목조목 적어놓고 보면 시간을 어떻게 분배해야 할 지 좀 더 명확해질 것 같은데.	네! 그렇게 하고 싶지만 세밀하게 적는 게 너무 힘들어요.	너의 직관은 계획을 앞지르지. 그런 사람은 계획을 잘 세우려고 하질 않는 편이야. 그런데 현실은 시간을 효율적으로 사용하라고 하지. 그것을 플래너에 적으면서 할 수 있단다. 시간을 효율적으로 사용하고 싶지 않니? 그러면 네가 원하는 여유와 자유를 더 많이 가질 수 있을 거야.
오늘 무슨 일을 할지 적어두지 않고 머릿속으로 만 생각해놓아서 저녁이 되면 해야 할 일을 잊어버려서 하지 못했던 일은 없니?	학교 숙제를 못해서 혼난 적이 많았죠.	너는 신중한 사람이 될거야. 왜냐하면 여러 가지 정보를 취득할 때까지 계속 심사숙고하기 때문에 사소한 것은 잊어버리지. 너의 장점을 살리기 위해 생각한 것은 플래너에 적어 보면 어떨까?
주변에 플래너를 쓰는 친구들은 없니? 그 아이들은 플래너를 쓰면서 어떤 도움을 받고 있는 것 같아?	목표를 정하고 실천하는 것을 보니 부러웠어요.	관찰력이 뛰어나구나. 플래너를 쓰면 좋아지는 것을 그 친구를 통해서 확인할 수 있었으니 플래너를 사용해 보면 어떨까?
하루 동안 목표했던 공부량을 다 달성했을 때의 기분이 어땠니? 아직 못 느껴 봤더라도 그렇게 된다면 스스로 굉장히 뿌듯하지 않을까? 어떻게 하면 목표한 계획을 잘 달성할 수 있을까?	달성했던 적이 없었던 것 같아요.	정말 솔직하구나. 자신을 솔직하게 본다면 문제의 원인을 정확히 파악해서 대처할 수 있지. 달성은 80% 이상만 해도 성공한 것이지. 80% 이상 달성한 것에 의미를 부여하고 자부심을 느끼도록 해보면 어떨까?

(출처 : 자기경영학습연구소, http://edu1388.co.kr)

5. 행복프로젝트 5단계 코칭 - 성취율 평가와 보상

코치미(부모님/선생님)	학생	보상/칭찬
피드백이란 말을 들어봤니? 어떤 일을 실행했다고 끝나는 것이 아니라 실행한 결과와 과정들을 다시 한번 돌이켜 보면서 너의 장점과 부족한 점들을 찾아나가는 거란다. 평소에 네가 계획한 일들을 얼마나 달성하고 있는 거 같아? 체크해본 적이 있니?	내 자신을 평가하는 것이 힘들 었어요.	정말 자신을 사랑하고 있구나. 그런데 진정한 사랑은 보호하는 것에서 더 나아가 성장하도록 돕는 것이란다. 자신이 성장하도록 도우려면 자신을 솔직히 평가해야 하지. 정확히 평가하기 위해 플래너를 사용할 것을 추천하고 싶어.
계획한 일을 100% 달성한다는 건 쉬운 일이 아니야. 너무 높은 목표를 설정해서도 안되지만 그렇다고 너무 낮은 목표를 설정해서도 안돼. 무엇보다 중요한 건 너에게 알맞은 목표를 선택했을 때 설령 그것을 100% 달성하지 못하게 된다 해도 그 사실에 흔들리지 않고 매일매일의 계획을 꾸준히 실행해나가야 한다는 점이야.	100% 근처엔 가보질 못했어요.	이 세상에서 성공한 사람들조차 매일 계획을 100% 달성한 사람은 드물기 때문에 매일 100% 달성하지 못해도 실망할 필요가 없단다. 매일 계획하고 실행하는 것이 중요하지. 그리고 실행을 방해하는 것은 무엇이든지 분석해서 해결하다 보면 자연스럽게 실행하는 습관이 생기고 자기경영 학습력이 높아져 행복을 누릴 수 있단다.
목표달성을 체크하는데 있어서 공부시간을 목표로 하는 게 좋을까? 아니면 공부분량을 목표로 하는 게 좋을까?	서로 장단점이 있지만 저는 분량으로 하겠어요.	정말 좋은 대답이구나. 시간보다는 분량을 목표로 하는 것이 집중을 도와주지. 주의할 점은 분량을 서둘러 끝내는 것이 중요한 것이 아니라 남에게 설명할 수 있는 수준까지 이해해야 끝난 것이라고 다짐하는 것이란다.

(출처 : 자기경영학습연구소, http://edu1388.co.kr)

6. 목표달성 코칭

코치미(부모님/선생님)	학생	보상/칭찬
네가 오랫동안 준비해왔던 목표를 달성하게 되면 기분이 어떨까?	정말 기분이 좋겠죠.	그럴 때 같이 기쁨을 나누면 좋겠다. 이벤트도 하고, 친구들과 같이 기쁨을 나눌 수 있도록 말이야.
단기부터 중장기까지 네가 달성하고 싶은 목표를 종이에 적어보자. 그렇게 적어보는 것만으로도 이미 목표달성에 한걸음 가까워진 느낌일거야.	그렇긴 한데 목표를 적는 것이 쉽지 않아요.	더 큰 기쁨을 생각해보자. 지금의 어려움을 하나씩 해결하면 나중에 그 어려움이 아무것도 아닌 시시한거였음을 알게 되고 자신의 성장을 기뻐하게 될 거야.
목표란 어때야 하는 걸까? 누구도 달성할 수 없을 만큼 높아야 할까? 아니면 조금만 노력하면 누구나 달성할 수 있을 정도여야 할까? 높고 낮음의 기준은 누구에게 맞춰야 하는 걸까?	당연히 자기 자신이죠.	그렇지. 그런데 스스로 다른 사람과 비교하여 목표를 잡지 않도록 해야 한다. 자기의 상태를 자기가 정확히 알고 있으니 자기 수준에 맞추어 목표를 잡고 80% 성취할 수 있도록 노력하는 것이 중요하지.
기말고사나 수능시험 같은 성적에 관련된 목표 말고 네가 평생에 걸쳐서 이루고 싶은 인생목표가 있니? 있다면 어떤 목표니?	아직 없어요.	목표는 바뀔 수 있단다. 그런데 목표를 잡을 때 알아보는 과정에서 많은 것을 배울 수 있기 때문에 목표를 잡는 것이 없는 것보다는 낫단다.
목표를 정해놓고 난 뒤라도 만화책이나 영화가 너무 재미 있어서 오늘의 계획을 실천하려 하는 것보다 조금이라도 더 놀고 싶을 때가 있을 거야. 이럴 땐 어떻게 행동해야 할까? 놀고 싶어도 공부를 해야 한다고 생각이 들면 어떻게 스스로를 타이르는 게 좋을까?	주말에 몰아서 보겠다고 타이르죠.	정말 어려운 결심을 하였구나. 목표를 달성하려고 하는 의지가 높아 스스로 대견하게 생각해도 된단다.

(출처 : 자기경영학습연구소, http://edu1388.co.kr)

참고 자료

- 캘빈 홀, 융 심리학 입문
- 고돈 로렌스, 성격유형과 학습스타일
- 피터 드러커, 미래 기업
- 피터 드러커, 피터 드러커 자서전
- Abraham H. Maslow, Toward A Psychology of Being
- John K. Clemens, Time Mastery
- (사)한국사회조사연구소, 2004 청소년 통계
- 루이즈 펠튼 트레이시, 매일 부모를 열 받게 하는 10대 자녀와 행복해지는 법
- 도로시 리즈, 질문의 7가지 힘
- 혼마 마사토, 7days 타임 코칭
- 이토 아키라, 코칭 대화 기술
- 엘릭 매킨지, 타임 전략
- 유성은, 시간관리와 자아실현
- 브라이언 트레이시, 목표, 그 성취의 기술
- 브라이언 트레이시, Time Power 잠들어 있는 시간을 깨워라
- 켄 블랜차드, 칭찬은 고래도 춤추게 한다
- Leitner, Sebastian, 공부의 비결(秘訣)
- 박원희, 공부 9단 오기 10단
- Hergenhahn, B. R., 학습심리학
- Gredler, Margaret E., 교수 - 학습의 이론과 실제
- 한홍, 시간의 마스터
- D. A. Benton, 자기 계발 코치
- Hyrum W. Smith, 시간과 인생의 성공적인 경영을 위한 열 가지 기본 법칙
- 줄리 모건스턴, 능력 있는 사람의 시간관리
- 바버라 퀸, 내가 하고 싶은 일 내가 살고 싶은 인생

- 제임스 프로차스카 외, 생각만 하고 실행하지 못하는 사람들을 위한 변화 프로그램
- 브라이언 트레이시, 성취심리
- 한스 베르너, 미루는 습관 극복하기
- 존 러벅, 성찰
- 미하이 칙센트미하이, 몰입의 기술
- 마이클 J. 마쿼트, 질문의 리더십
- 베레나 슈타이너, 전략적 공부기술
- 고든 드라이든, 학습혁명
- 맥스웰 몰츠, 맥스웰 몰츠 성공의 법칙
- 서유헌, 나는 두뇌짱이 되고 싶다